Grußwort von Frau Staatsministerin Emilia Müller

Meine sehr geehrten Damen und Herren,
liebe Ersthelferinnen und Ersthelfer,

ehrenamtliches Engagement kann für die Integration von Flüchtlingen gar nicht hoch genug geschätzt werden. Sprache und Grundkenntnisse über den Alltag in Deutschland sind dabei die ersten und vielleicht wichtigsten Faktoren gelingender Integration.

Der Ersthelfer-Leitfaden „Lernen-Lehren-Helfen" der Fachschaft Deutsch als Fremdsprache der Ludwig-Maximilians-Universität richtet sich an Ehrenamtliche im Bereich Asyl. Er vermittelt einen guten Basiswortschatz, der in vielen Alltagssituationen hilfreich ist. Er gibt so Orientierung für das Ankommen und Leben in Deutschland.

Allen, die mit diesem Leitfaden arbeiten, wünsche ich viel Erfolg und gutes Gelingen. Ich danke der Fachschaft Deutsch als Fremdsprache der Ludwig-Maximilians-Universität, aber auch den vielen Ehrenamtlichen für Ihren Einsatz für ein soziales Bayern.

Ihre

Emilia Müller

Emilia Müller
Bayerische Staatsministerin
für Arbeit und Soziales,
Familie und Integration

Erklärung der Symbole

Tafel: Hinweise zum Kapitel für Helfer

Fahne: Projekt/Rallye-Aufgabe

Info-Schild: Interessantes zum Thema

Lernen - Lehren - Helfen

Zu Ziel und Zweck

Der Erwerb von Grundkenntnissen in der deutschen Sprache gilt als Grundbedingung für die Orientierung in der fremden Kultur und als wichtiges Mittel der Verständigung in Bezug auf lebensnotwendige Erfordernisse des Alltags, wie der Gesundheit, des Aufenthaltes, des Verkehrs, der Ernährung oder auch der gesellschaftlichen und politischen Spielregeln und Normen. Mit dem Projekt „Lernen – Lehren – Helfen" unterstützt das Institut für Deutsch als Fremdsprache der LMU gemeinsam mit dem Bayerischen Staatsministerium für Arbeit und Soziales, Familie und Integration Ehrenamtliche, die Asylbewerberinnen und Asylbewerber auf diesem oft schwierigen Weg mit hohem persönlichen Einsatz begleiten. Der Leitfaden umfasst leicht einsetzbare, praktische Materialien für die Orientierung von Asylbewerberinnen und -bewerbern im deutschsprachigen Alltag sowie Hinweise für die Helferinnen und Helfer.

Zum Lernkonzept

Die stark bebilderten Handlungsfelder mit relevantem Wortschatz, situativ eingebetteten Redemitteln und abwechslungsreichen Verstehensübungen bieten eine erste sprachliche und kulturelle Orientierung für das Leben in Deutschland, eine Aufgabe, die angesichts fremder Lebenstraditionen und Fluchterfahrungen nie einfach ist. Durch den Fokus auf konkrete, kompakte und praktikable Handlungsfelder und Mini-Szenarien aus dem deutschsprachigen Alltag ist das Konzept stärker als andere interkulturell ausgerichtet. Die Auswahl der Situationen und Redemittel berücksichtigt bewusst Unterschiede zwischen dem Alltag in Deutschland und den Herkunftsländern der Flüchtlinge. Um die Helferinnen und Helfer für solche kulturellen Differenzen soweit nötig zu sensibilisieren, enthalten die Hinweise zu den Handlungsfeldern auch kulturspezifische Hintergrundinformationen. Dabei geht es nicht darum, interkulturelle Expertinnen und Experten oder professionelle Sprachlehrerinnen und -lehrer auszubilden. Vielmehr sollen die Materialien helfen, den möglichst natürlichen, einfachen Umgang mit den Flüchtlingen zu erleichtern. Die Praxis zeigt, dass bereits dieser Umgang vielfältige logistische, administrative, persönliche und kommunikative Herausforderungen stellt.

Zum Einsatz des Leitfadens

Zu Beginn jedes Kapitels finden sich Hintergrundinformationen zu sprachlichen und kulturellen Besonderheiten (und ggf. Differenzen) und Vermittlungshinweise. Diese umfassen Hinweise zum Einsatz des Materials sowie Vorschläge und Linktipps zu weiteren Übungen für die Feinabstimmung bei den individuellen Anforderungen und für die Vertiefung des Themas.

Die Übungen sollten eher das Verstehen und Verständnis sichern und dienen vor allem dem Wiedererkennen von Wortschatz und Redewendungen und deren Bedeutung. Der Schwerpunkt der Materialien liegt auf der Präsentation von Wortschatz und Redemitteln. Auf Erklärungen zu grammatischen Strukturen wird verzichtet. Grammatische Themen lassen sich aber ebenfalls bei fortgeschrittenen Lernern und durch geschulte Lehrkräfte ergänzen. Produktorientierte Aufgaben am Ende eines Handlungsfeldes können leicht als örtliche Erkundungen und lebensrelevante Recherchen gestaltet werden. Somit können die Lerner authentische Handlungsfelder auch außerhalb des Lernortes erweitern und erproben. Ansonsten gilt: möglichst viel und natürlich miteinander kommunizieren. Wie auch im richtigen Leben.

Wer sich weiter über die Prinzipien des Sprachenlernens und -lehrens informieren will, findet zum Schluss Empfehlungen zum Weiterlesen und -lernen.

Prof. Jörg Roche
Institut für Deutsch als Fremdsprache
Ludwig-Maximilians-Universität München

Zum Kapitel

Thematische Schwerpunkte

Geschäfte, Einkaufen, Öffnungszeiten, Preise, Pfandsystem, Umtausch

Hintergrundinformationen

Flüchtlinge sollen hier über die in Deutschland üblichen Gewohnheiten beim Einkaufen informiert werden.
Dazu gehört:

- wissen, in welchen Geschäften man welche Produkte einkaufen kann
- übliche Öffnungszeiten in Deutschland kennen
- die Angaben auf einem Kassenbon verstehen
- verschiedene Zahlungsarten (bar, mit EC-Karte, Kreditkarte) kennen
- wissen, wie das Pfand bezahlt und rückerstattet wird
- Umtauschmodalitäten kennen
- Preisunterschiede von Discounter/Supermarkt/Markt wahrnehmen

Besonders relevant ist für die neu Angekommenen zu erfahren, wo sie was möglichst günstig erwerben können. Idealerweise lernen sie die verschiedenen Einkaufsmöglichkeiten (Discounter, Märkte, Geschäfte etc.) bei einem Spaziergang kennen. Weisen Sie darauf hin, dass es vor allem in großen Städten viele internationale Geschäfte gibt (oft in der Nähe von Bahnhöfen). Übrigens: Um online einzukaufen, braucht man eine gültige Bankverbindung.

Vermittlungshinweise

Über die Einstiegsbilder wird wichtiges Vokabular zum Thema Einkaufen präsentiert. Die Mini-Situationen veranschaulichen die Thematik durch weitere Informationen sowie Rollenspiele. Es bietet sich an, diese Wortfelder durch aktuelle Prospekte (z.B. Angebote von Discountern wie Aldi, Lidl etc.) gemeinsam zu erweitern. Auf den Webseiten von Supermärkten, Kaufhäusern und anderen Geschäften kann man auch Produkte bzw. Angebote sowie die Öffnungszeiten ansehen. Die Öffnungszeiten von Ämtern findet man ebenfalls online. Bei den angegebenen Öffnungszeiten handelt es sich nur um Beispiele, bitte weisen Sie auf regionale Unterschiede, z.B. langer Donnerstag, Wochenende, Spätkauf, hin. Auch auf den Sonderfall von Tankstellen mit ihrem Produktsortiment und unterschiedlichen Öffnungszeiten sollten Sie eingehen. Außerdem sollte auf die verschiedenen Informationen (siehe angegebene Vokabeln) auf dem Kassenbon eingegangen werden. Auch die hervorgehobene Information, dass ein Umtausch nur gegen Vorlage des Kassenbons und nur innerhalb eines bestimmten Zeitraums möglich ist, sollte verdeutlicht werden.

Hinweis zur Binnendifferenzierung: Fortgeschrittenere Lerner können noch weitere Geschäfte benennen bzw. für andere Produkte bestimmen, in welchen Geschäften man sie kaufen kann. Der dargestellte, sehr einfache Einkaufsdialog kann z.B. durch folgende Phrasen erweitert werden.
Verkäufer: Was darf es sein? Was hätten Sie denn gern?
Käufer: Ich möchte gern ...
Verkäufer: Ist das alles? Sonst noch etwas?
Bei Preisvergleichen bietet es sich an, den Komparativ und Superlativ einzuführen (z.B.: teurer, am teuersten). Fortgeschrittenere Lerner können auch ihre Einkaufs- und Essgewohnheiten beschreiben (Meistens kaufe ich im/in der ... ein. Ich trinke keine Milch.). Auch auf Mengenangaben kann eingegangen werden (z.B. 500g, Stück etc.).

Linktipps

- Supermärkte: z.B. www.edeka.de, www.kaufhof.de, www.rewe.de, www.lidl.de
- Online-Kauf: www.ebay.de (neue und gebrauchte Sachen), www.amazon.de (u.a. gebrauchte Sachen, oft mit Preisauswahl)
- Online-Flohmarkt: E-Bay-Kleinanzeigen (www.ebay-kleinanzeigen.de/)
- Stiftung Warentest (unabhängige Testberichte zu Elektronik, Haushalt und Gesundheit sowie Finanzen, Versicherung und Steuern; auch auf Engl.): www.test.de

1. Geschäfte

einkaufen

die Apotheke

der Drogeriemarkt

die Bäckerei

der Discounter

der Supermarkt

der Wochenmarkt

das Kaufhaus

der Kiosk

die Metzgerei

der Baumarkt

das Modegeschäft

der Schuhladen

der Flohmarkt

1.1. Was kaufe ich wo?

Ich kaufe **Schuhe** im **Schuhladen**.

Ich kaufe **Obst** im **Supermarkt** oder im **Discounter**.

Ich kaufe eine **Schraube** im **Baumarkt**.

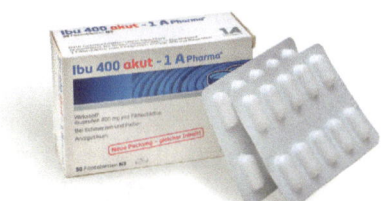

Ich kaufe **Medikamente** in der **Apotheke**.

Ich kaufe einen **Stift** im **Kaufhaus.**

Ich kaufe **Handschuhe** im **Kaufhaus** oder im **Modegeschäft.**

Ich kaufe **Brot** in der **Bäckerei**.

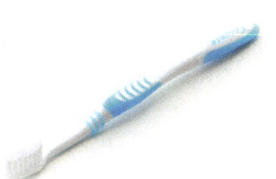

Ich kaufe eine **Zahnbürste** in der **Drogerie**.

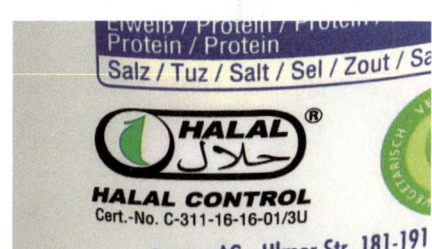

Ich kaufe **Halal-Produkte** im türkischen **Supermarkt**.

1.2. In der Bäckerei

Ü 1.1. Was ist das? Verbinden Sie.

der Supermarkt   der Discounter   das Kaufhaus   die Drogerie   die Apotheke

der Flohmarkt   der Schuhladen   die Metzgerei   der Elektroladen   der Baumarkt

Ü 1.2. Wo kaufe ich was? Ordnen Sie zu.

im Kaufhaus

im Modegeschäft

in der Drogerie

im Supermarkt

im Elektrogeschäft

Turnschuhe   einen Bleistift

Weißbrot   Medikamente

eine Haarbürste   eine Babywindel

Bananen   eine Jacke

eine Lampe   Putzmittel

in der Bäckerei

in der Apotheke

im Schuhladen

im Baumarkt

Ü 1.3. Welche Geschäfte gibt es in Ihrer Nähe? Wie heißen die Geschäfte? Wo gibt es typische Produkte aus Ihrem Land?

2. Öffnungszeiten

offen geschlossen

Öffnungszeiten:
Montag - Samstag
07:00 - 20:00 Uhr

der Supermarkt

Öffnungszeiten: 🌾
Mo- Fr 06:30 - 18:30 Uhr
Sa   06:30 - 14:00 Uhr
So   08:00 - 13:00 Uhr

die Bäckerei

Dr. Müller
Facharzt für Allgemeinedizin

Sprechzeiten
Mo - Fr   09:00 - 12:00 Uhr
Mo, Di u. Do 15:00 - 17:00 Uhr

die Arztpraxis

der Apotheken-Notdienst

Öffnungszeiten
Montag - Samstag
09:00 - 20:00 Uhr

das Kaufhaus

ÖFFNUNGSZEITEN
Mo - So
06:00 - 21:00 Uhr
FEIERTAGS
08:00 - 18:00 Uhr

die Tankstelle

Montag	7.30 - 16 Uhr
Dienstag	8.00 - 16 Uhr
Mittwoch	8.00 - 12 Uhr
Donnerstag	8.00 - 18 Uhr
Freitag	8.00 - 12 Uhr

das Amt

Montag und Donnerstag:
8:30 - 12:30 und 14:00 - 18:00 Uhr

Dienstag und Freitag
8:30 - 12:30 und 14:00 - 16:00 Uhr

Mittwoch
8:30 - 12:30 Uhr

€-Bank

die Bank

2.1. Die Wochentage

Mo	Di	Mi	Do	Fr	Sa	So
Montag	Dienstag	Mittwoch	Donnerstag	Freitag	Samstag	Sonntag

Werktage

das Wochenende

2.2. Geschäfte und ihre Öffnungszeiten

Wann macht die Bäckerei auf?

Die Bäckerei macht um 6 Uhr auf.

Viele Geschäfte sind am Sonntag und an Feiertagen geschlossen.

Ist die Apotheke heute offen?

Nein, heute ist Sonntag, da ist nur der Notdienst.

Ich brauche Windeln.

Oh, der Supermarkt hat schon zu. Vielleicht hat die Tankstelle offen.

Ü 2.1. Welche Tage hat die Woche? Verbinden Sie.

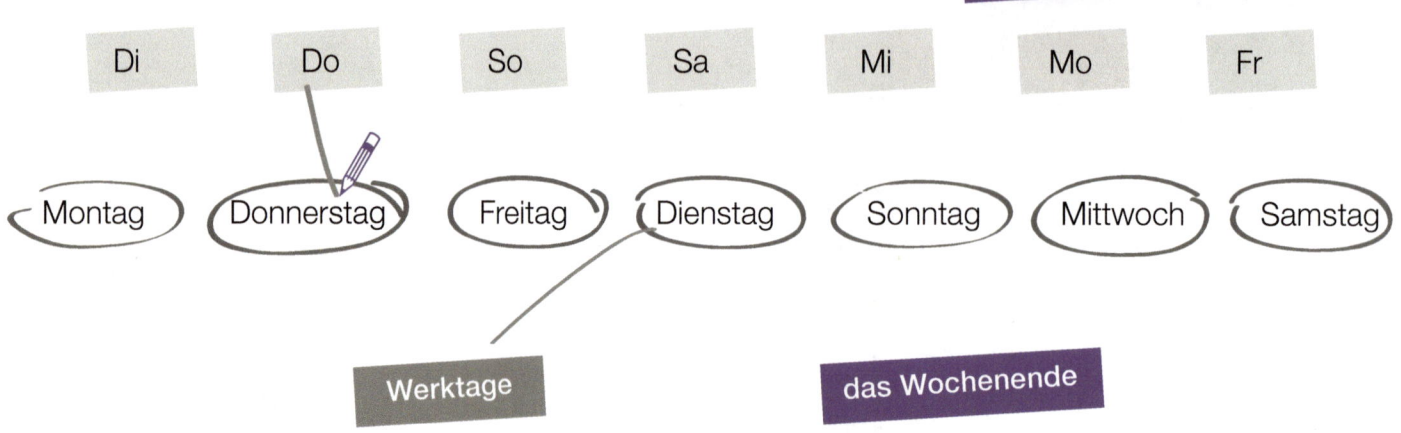

| Di | Do | So | Sa | Mi | Mo | Fr |

Montag | Donnerstag | Freitag | Dienstag | Sonntag | Mittwoch | Samstag

Werktage   das Wochenende

Ü 2.2. Was ist offen? Sehen Sie die Schilder auf S. 13 an und kreuzen Sie an.

	der Supermarkt	die Bäckerei	die Arztpraxis	das Kaufhaus	die Tankstelle	das Amt	die Bank
Mittwoch 7 Uhr	X						
Mittwoch 11 Uhr							
Samstag 15 Uhr							
Sonntag 11 Uhr							
Feiertag							

Ü 2.3. Finden Sie die Wörter. Wie viele sind es? ⇒ _____ Wörter

DROGERIEMONTAGSUPERMARKTÖFFNUNGSZEITENKAUFHAUSGESCHÄFTEMITTWOCHGESCHLOSSEN

Ü 2.4. Setzen Sie die fehlenden Buchstaben ein.

D _ e n _ _ a g • g e _ f _ n e t • F _ _ e r t _ _ • F r _ _ _ a g • g e s _ _ l o s _ _ n

Ü 2.5. Wann sind die Geschäfte in Ihrer Nähe geöffnet? Welche Apotheke hat am Sonntag Notdienst?

3. An der Kasse und Preise

1 der Einkaufswagen	**6** der Geldbeutel	**11** das Gemüse
2 die Kundin	**7** das Kartenlesegerät	**12** die Getränke
3 der Kunde	**8** die Einkäufe	**13** die Zigaretten
4 die Kasse	**9** die Ananas	
5 die Kassiererin	**10** das Preisschild	

3.1. Was kostet das?

 **1,09 €**

 **89,99 €**

 **49,99 €**

 **2,79 €**

 **2,89 €**

Ein Liter Milch kostet 1,09 Euro.

Ein Paar Schuhe kostet 89,99 Euro.

Ein Radio kostet 49,99 Euro.

Ein Stift kostet 2,79 Euro.

Ein Brot kostet 2,89 Euro.

3.2. Auf verschiedene Arten bezahlen

  das Bargeld

Hier können Sie bar, mit Kreditkarte und mit EC-Karte bezahlen.

die Visakarte

die EC-Karte

Ü 3.1. Wie viel kostet das? Verbinden Sie.

sieben Euro fünfzig • fünfundsiebzig Cent • siebzig Euro fünfundfünfzig • siebzehn Euro fünf

19 €   7,50 €   17,05 €   0,75 €

70,55 €   0,90 €   99 €   9,99 €

neun Euro neunundneunzig • neunzehn Euro • neunzig Cent • neunundneunzig Euro

Ü 3.2. Wie viel Wechselgeld bekommen Sie? Ordnen Sie zu.

Preis: 13,50 Euro
⇓
Sie geben 20 Euro

Preis: 7,98 Euro
⇓
Sie geben 10 Euro

Preis: 36,98 Euro
⇓
Sie geben 50 Euro

Preis: 24,99 Euro
⇓
Sie geben 50 Euro

Ü 3.3. Welche Sätze passen zu den Bildern? Ordnen Sie zu.

Ich zahle bar.

Hier können Sie mit Kreditkarte zahlen.

Wir nehmen keine Kreditkarten.

Zahlen Sie mit EC-Karte?

Wir nehmen nur Bargeld.

Ü 3.4. Erstellen Sie eine Einkaufsliste mit 10 Produkten (z.B. 1 Liter Milch, eine Jacke). Was kosten diese Dinge (im Supermarkt, im Kaufhaus, auf dem Wochenmarkt ...)?

4. Waren umtauschen und Pfandsystem

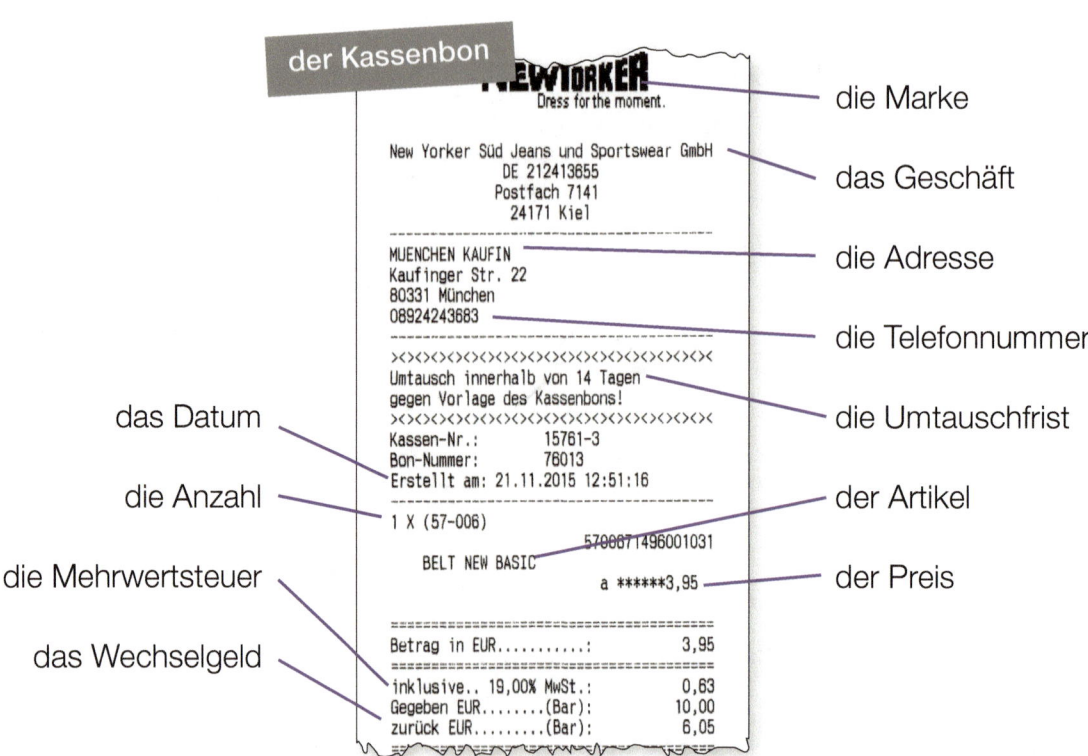

der Kassenbon

die Marke

das Geschäft

die Adresse

die Telefonnummer

das Datum

die Umtauschfrist

die Anzahl

der Artikel

die Mehrwertsteuer

der Preis

das Wechselgeld

4.1. Reklamieren und umtauschen

Die Hose passt mir nicht. Ich möchte die Hose gerne umtauschen.

Haben Sie den Kassenzettel?

Ja, hier ist der Kassenzettel.

Tut mir Leid. Das geht nicht. Ein Umtausch ist nur innerhalb von 14 Tagen möglich.

4.2. Das Pfandsystem

kein Pfand

leere Flasche wegwerfen

Pfand

0,15 € - 0,30 € mehr zahlen

leere Flasche zurückbringen

0,15 € - 0,30 € wieder bekommen

Mit dem Pfandsystem gibt es weniger Müll. Das Pfandsystem ist gut für die Umwelt.

Ü 4.1. Kann ich das umtauschen? Ordnen Sie zu.

Die Milch ist verdorben.

Das Radio funktioniert nicht.

Die Schuhe sind zu klein.

> Die Schuhe sind nicht mehr neu. Wir können die Schuhe nicht mehr umtauschen.

> Haben Sie den Kassenbeleg? Dann ist das kein Problem.

> Das geht leider nicht. Das Haltbarkeitsdatum ist überschritten.

Ü 4.2. Welches Symbol bedeutet „Pfand" und welches „Kein Pfand"? Verbinden Sie.

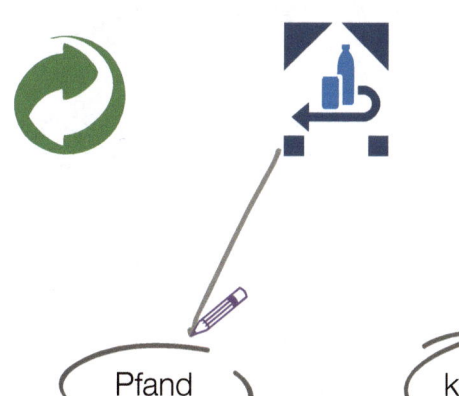

Pfand   kein Pfand

Ü 4.3. Gehen Sie in den Supermarkt und suchen Sie die verschiedenen Pfandpreise für Glasflaschen, Dosen und Plastikflaschen.

Zum Kapitel

Thematische Schwerpunkte

Verkehrsregeln, öffentliche Verkehrsmittel, Fahrkarten, Fahrpläne

Hintergrundinformationen

Die Orientierung in deutschen Städten fällt vielen Flüchtlingen schwer. Viele müssen sich an eine neue Stadt- bzw. Landstruktur und Verkehrsordnung gewöhnen und lernen, sich selbstständig mit öffentlichen Verkehrsmitteln fortzubewegen.

Zentrale Handlungen in diesem Bereich sind:

- sich in der Stadt fortbewegen (zu Fuß, mit dem Fahrrad, mit öffentlichen Verkehrsmitteln)
- Fahrpläne verstehen
- Fahrkarten kaufen und ggf. entwerten
- Regeln an Bahnhöfen und in Bus/Bahn beachten

Vermittlungshinweise

Über die Einstiegsbilder wird wichtiges Vokabular zu den Themen „Auf der Straße", „Am Fahrkartenautomaten", „Am U-Bahnhof", „Mit Bus, Tram oder U-Bahn?" präsentiert. Die Mini-Situationen veranschaulichen u.a. einige Verkehrsregeln und Konsequenzen bei Verstoß gegen deren Einhaltung. Auf die Ahndung von Verstößen gegen Verkehrsregeln, auch bei Fußgängern und Fahrradfahrern, ist nachdrücklich hinzuweisen. In Bezug auf das Verkehrsschild STOP können Sie auf die aktuelle Rechtschreibung „Stopp" (abgeleitet von „stoppen") hinweisen.

Bitte machen Sie darauf aufmerksam, dass für die Nutzung von öffentlichen Verkehrsmitteln in verschiedenen Städten Deutschlands unterschiedliche Regelungen gelten, z.B. ob man die Fahrkarte im Bus am Automaten kauft oder beim Busfahrer/bei der Busfahrerin. Das gleiche gilt für die Arten von Fahrkarten. Es ist ratsam zu erklären, dass die Kontrolleure und Kontrolleurinnen meist keine Uniform tragen (Ausnahme: Zug).

Hinweis zur Binnendifferenzierung: Bei etwas fortgeschritteneren oder leistungsstärkeren Lernern bietet es sich an, die Modalverben in Zusammenhang mit den Geboten und Verboten einzuführen: „Hier darf man nicht parken." „Hier muss man abbiegen." etc. Das unpersönliche Pronomen *man* müsste dann zusätzlich eingeführt werden. Bei schwächeren Gruppen können Sie es bei Infinitiven, die als Imperative fungieren, belassen: „Hier nicht parken!" Die Verkehrsschilder und die Ampel können zur Einführung bzw. Wiederholung der Farben dienen.

Linktipps

- Verkehrsregeln für Fahrradfahrer (vom Bistum Trier in verschiedenen Sprachen herausgegebene Informationsbroschüre): www.bistum-trier.de/willkommens-netzde/service-grafik-weitere-informationen-fuer-die-praxis/informationsmaterial-zum-download/
- Flyer zu Verkehrsregeln des ADFC (zum Download in verschiedenen Sprachen): www.adfc-muenchen.de/adfc-muenchen/arbeitsgruppen/asyl/
- Flyer des ADAC (auf Deutsch, Arabisch, Englisch): www.adac.de/sp/stiftung/verkehrssicherheit-fluechtlinge/default.aspx?quer=fluechtlinge
- Bußgeldkatalog Verkehr (Deutschland): www.adfc.de/bussgeldkatalog

Für München:

- Informationen auf Deutsch, Englisch und Arabisch für Flüchtlinge über öffentliche Verkehrsmittel, Fahrpläne, Tickets und wichtige Adressen findet man auf dieser Webseite (inklusive Flyer mit Tarifen, dieser ist auch kostenlos an größeren Bahnhöfen erhältlich) : www.mvv-muenchen.de/en/on-tour-with-the-mvv/important-information-for-refugees/index.html.
- Auf dem YouTube-Kanal vom MVV gibt es Erklärungen (teilweise stumm), wie man mit den öffentlichen Verkehrsmitteln umgeht: www.youtube.com/channel/UCiafLquvd8fUnGyNS51TZmw

1. Auf der Straße

1	die Ampel	**6**	das Auto	**11**	der Gehweg
2	die Kreuzung	**7**	das Fahrrad	**12**	der Fußgänger
3	der Bus	**8**	der Fahrradweg	**13**	die Straße
4	das Motorrad	**9**	die Trambahn die Straßenbahn	**14**	der Zebrastreifen
5	der Kinderwagen	**10**	die Haltestelle	**15**	der Mülleimer

Unterwegs

1.1. Verkehrsregeln beachten

die Ampel

rote Ampel:
Stopp!

grüne Ampel:
Fahren!

Stehen bleiben!

Gehen!

das Fahrrad

der Fahrradweg

Nur Fahrrad!

Keine Fußgänger!

der Fußgänger

der Fußgängerweg

Nur Fußgänger! Fahrrad und Auto verboten!

das Auto

die Autobahn

Kein Fahrrad! Keine Fußgänger!

1.2. Mit dem Fahrrad unterwegs

nur eine Person

keinen Alkohol trinken

keine Drogen nehmen

nicht Musik hören

nicht telefonieren

nicht rauchen

Ein Helm schützt Sie!

Am Abend:
Licht einschalten.

Fahrrad immer
abschließen.

Ü 1.1. Was ist das? Verbinden Sie.

das Auto

die Trambahn

die Ampel

die Fußgängerin

der Kinderwagen

das Fahrrad

Ü 1.2. Wer darf hier fahren oder gehen? Kreuzen Sie an.

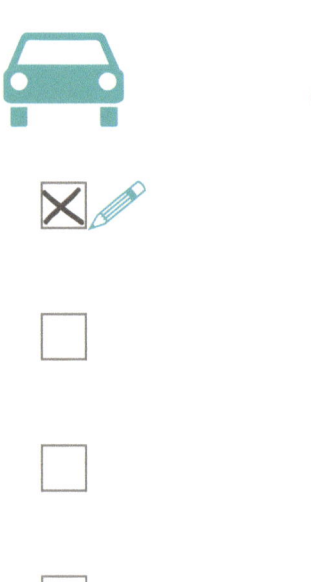

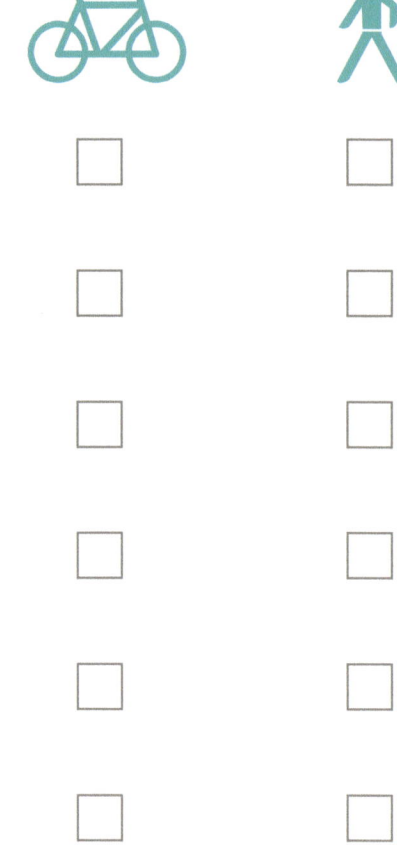

Ü 1.4. Suchen Sie fünf verschiedene Verkehrsschilder in Ihrer Nähe. Fotografieren Sie sie. Was bedeuten sie?

2. Am Fahrkartenautomaten

1	der Ticketautomat
2	die Fahrkarte der Fahrschein das Ticket
3	die U-Bahn
4	der Bus
5	die Trambahn die Straßenbahn
6	die S-Bahn
7	der Schein
8	die Münze
9	die Bankkarte
10	der Bildschirm
11	das Wechselgeld

2.1. Beim Ticketkauf

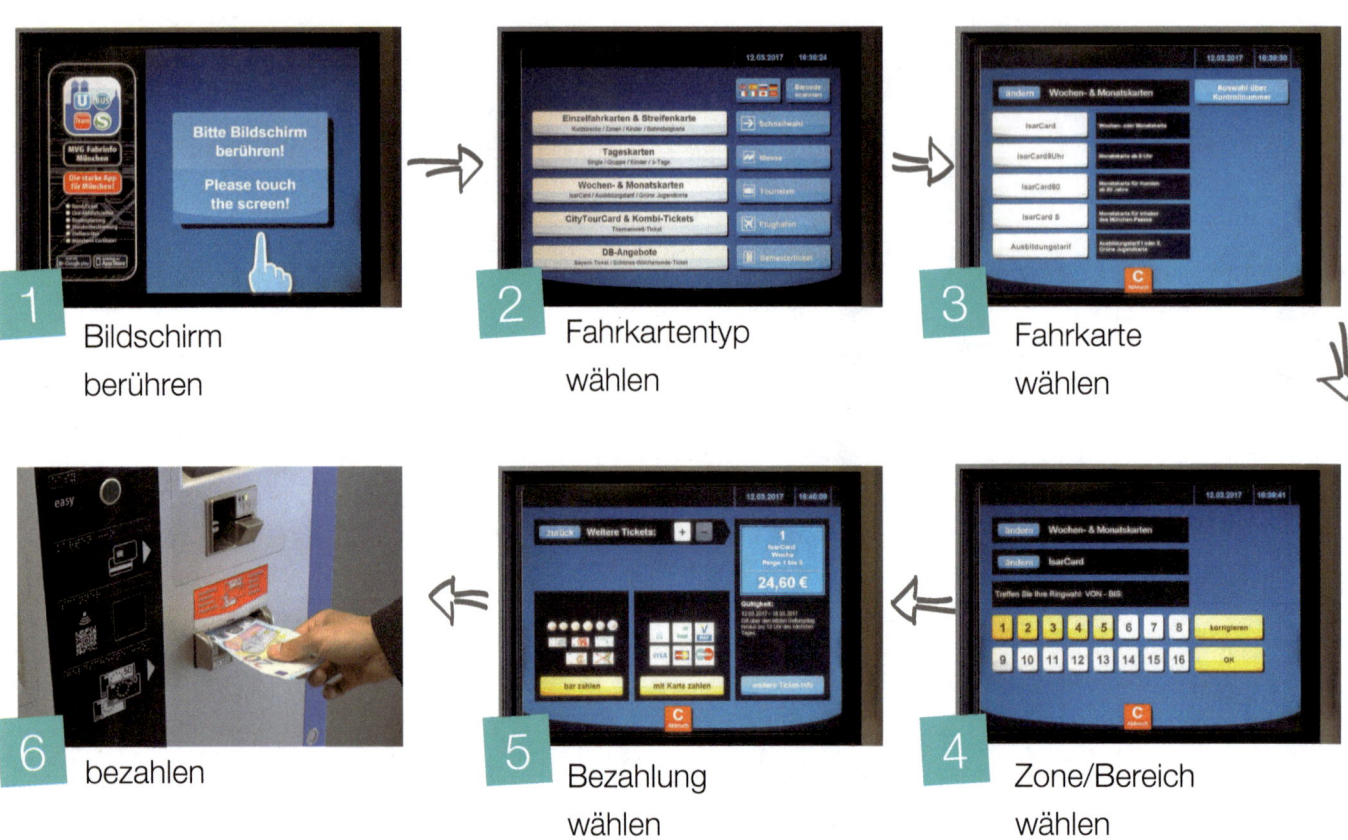

1 Bildschirm berühren

2 Fahrkartentyp wählen

3 Fahrkarte wählen

4 Zone/Bereich wählen

5 Bezahlung wählen

6 bezahlen

2.2. Ungültige Fahrkarten

ungültig ✗

gültig ✓

ungültig ✗

gültig ✓

Die meisten Fahrkarten müssen entwertet werden. Dafür gibt es Automaten.

Ü 2.1. Am Automaten: Wo ist der Platz für…? Verbinden Sie.

Geldscheine

Wechselgeld

Münzen

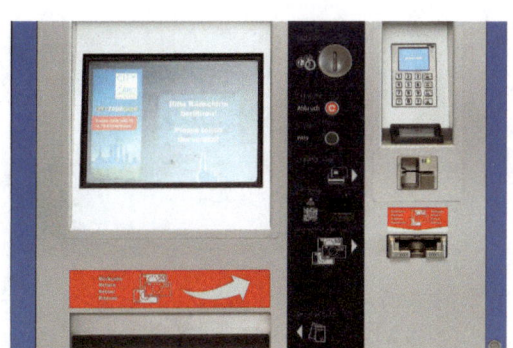

Fahrkarte

EC-Karte

Kreditkarte

Ü 2.2. Die Schritte sind durcheinander geraten. Nummerieren Sie sie in der richtigen Reihenfolge.

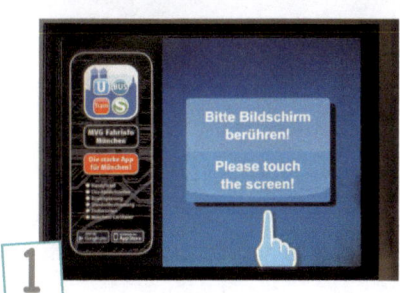

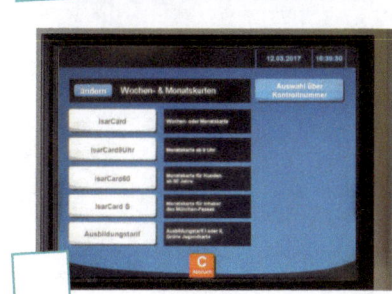

Ü 2.3. Welche Fahrkarte passt? Ordnen Sie zu.

Ü 2.4. Welche Fahrkarten gibt es an Ihrem Wohnort? Welche müssen Sie entwerten?

3. Am U-Bahnhof

1	die U-Bahn	5	der Kinderwagen	9	der Sicherheitsstreifen
2	das Gleis	6	der Bahnsteig	10	der Umgebungsplan
3	der Fahrgast	7	die Tür	11	die Treppe
4	der Koffer	8	der U-Bahnhof	12	die Rolltreppe

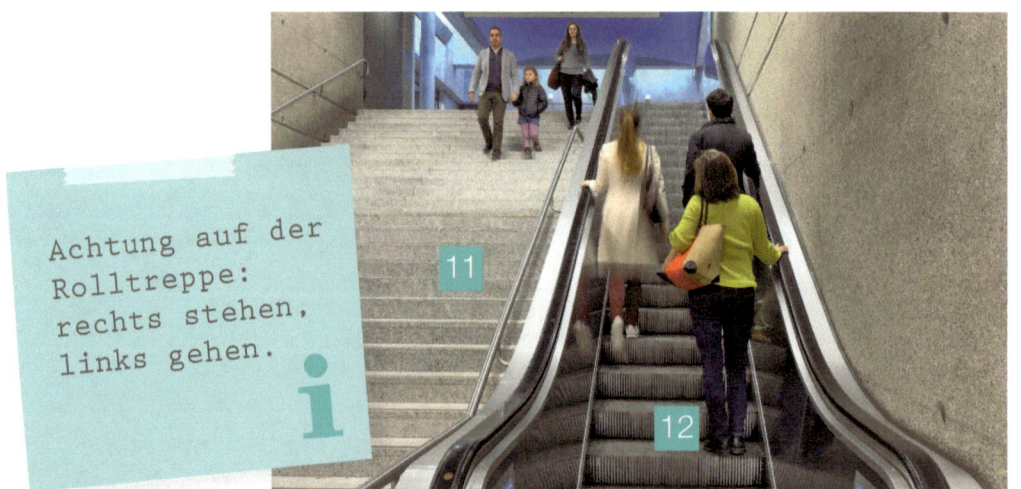

Achtung auf der Rolltreppe: rechts stehen, links gehen.

3.1. Am Bahnsteig

Gehen Sie bitte vom Sicherheitsstreifen.

Dieser Zug endet hier.

Endstation. Bitte alle aussteigen.

Umsteigemöglichkeit zur S-Bahn.

Nicht einsteigen! Hier nicht stehen! Die Leute steigen aus. Die Leute steigen um.

3.2. Den U-Bahnfahrplan lesen

Start   Ziel

1

Am Odeonsplatz in die U-Bahn einsteigen
➤ Ticket dabei?

2

Mit der U-Bahn fahren
➤ Es sind 11 Stationen.
➤ Die Fahrt dauert 18 Minuten.

3

Am Klinikum Großhadern aussteigen
➤ Hier fährt ein Bus.

Ü 3.1. Welche Bilder passen? Ordnen Sie zu.

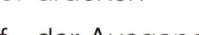

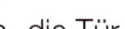

a. die Rolltreppe

b. der Sicherheits-

   streifen

c. rechts

d. links

e. drücken

f. der Ausgang

g. der Bahnhof

h. die Tür

Ü 3.2. Verhalten in der U-Bahn. Was ist korrekt ✓, was ist nicht korrekt ✗? Markieren Sie.

Ü 3.3. Heute ist Montag. Es ist 16:20 Uhr. Sie sind an der Ittlingerstraße und möchten zu einer U-Bahn. Sehen Sie sich den Busfahrplan an.

Verkehrshinweis		Montag - Freitag					
		S		S		S	
Feldmoching Bf Ost Ⓤ Ⓢ 🅱		16.04		16.24		16.44	
Feldmochinger Anger		16.06		16.26		16.46	
Hasenbergl Süd		16.08		16.28		16.48	
Ittlingerstraße		16.09		16.29		16.49	
Weitlstraße		16.11		16.31		16.51	
Caracciolastraße		16.12		16.32		16.52	
Weyprechtstraße		16.13		16.33		16.53	
Harthof Ⓤ	an	16.15		16.35		16.55	
Harthof Ⓤ	ab	16.15		16.35		16.55	
Röblingweg		16.16		16.36		16.56	
Rathenaustraße		16.17		16.37		16.57	
Am Hart Ⓤ	an	16.19		16.39		16.59	
Am Hart Ⓤ	ab	16.23	16.13	16.43	16.33	17.03	16.53
Sudetendeutsche Straße		16.25	16.15	16.45	16.35	17.05	16.55
Gundelkoferstraße		16.27	16.17	16.47	16.37	17.07	16.57
Kollwitzstraße		16.28	16.18	16.48	16.38	17.08	16.58

Wann fährt der nächste Bus?

_____

Wo steigen Sie aus?

_____

Wie viele Stationen sind es?

_____

Wie lange dauert die Fahrt?

_____

Wann sind Sie am Ziel?

_____

4. Mit Bus, Tram oder U-Bahn?

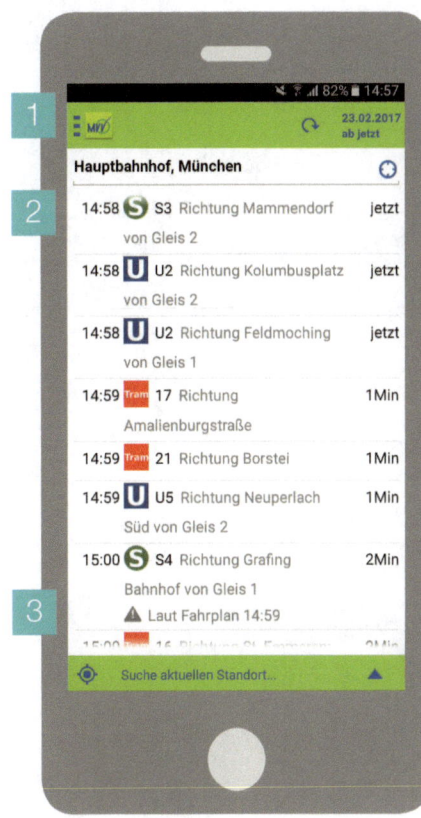

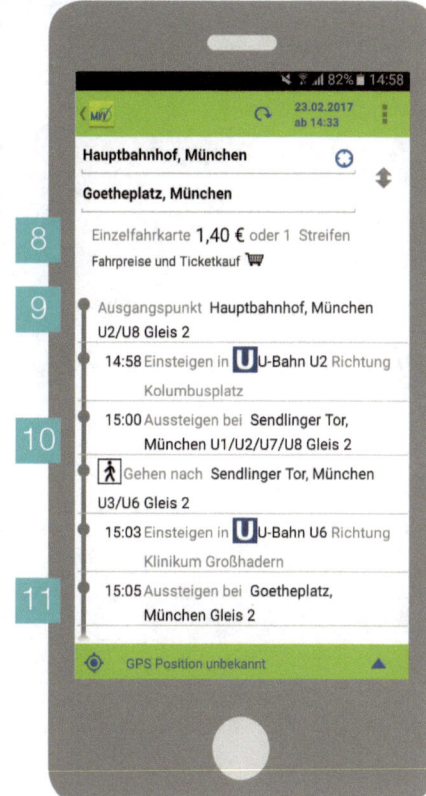

1	das Datum	4	der Start	8	der Preis
2	die Uhrzeit	5	das Ziel	9	abfahren
3	die Verspätung	6	die Fahrzeit	10	umsteigen
		7	der Fußweg	11	ankommen

4.1. Im Bus

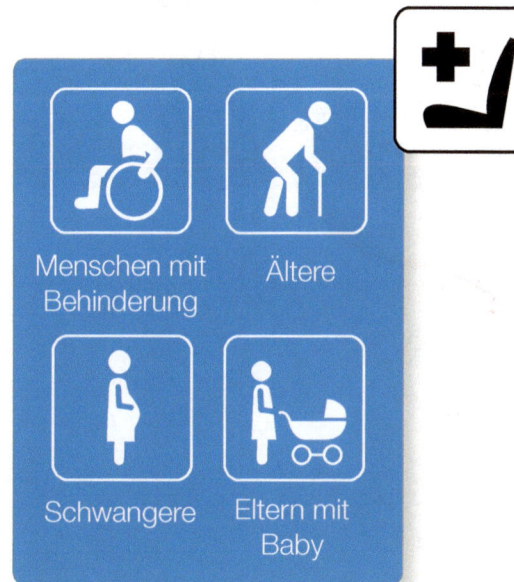

Ü 4.1. Im Bus. Was passt zu den Bildern? Ordnen Sie zu.

a. Hier ist ein Platz für eine alte Person.

b. Rauchen an der Bushalte-stelle ist verboten.

c. Nach 21 Uhr bitte dem Bus-fahrer den Fahrschein zeigen.

d. Mit Kinderwagen bitte in der Mitte einsteigen.

e. Musik ist okay, aber nicht zu laut.

f. Drücken Sie. Dann stoppt der Bus an der Haltestelle.

Ü 4.2. Was sagt der Kontrolleur? Was sagen die Fahrgäste? Verbinden Sie.

Fahrschein-kontrolle.

Zeigen Sie bitte Ihre Fahrkarte.

Entschuldigung, wie bitte?

Ihren Ausweis, bitte.

Ah, okay, hier bitte.

Wo kann ich eine Fahrkarte kaufen?

Ich habe keine Fahr-karte. Tut mir Leid.

Sie müssen 60 Euro zahlen.

Ü 4.3. Wählen Sie einen Ort, an den Sie gerne fahren möchten (z.B. ein Ge-schäft, ein Museum, Ihre Schule etc.). Recherchieren Sie den Weg mit einer App oder Webseite.

Welches Verkehrsmittel nehmen Sie? • In welche Richtung fahren Sie? • Wo steigen Sie aus? • Steigen Sie um? Wo? • Wie lange dauert die Fahrt?

Zum Kapitel

Thematische Schwerpunkte

Zimmer und Gegenstände im Haus, Haushalt und Sauberkeit, Hausordnung, Zusammenleben

Hintergrundinformationen

Nach dem Verlassen der Gemeinschaftsunterkunft werden Flüchtlinge i.d.R. in Wohnheimen bzw. in Wohnungen untergebracht. Sowohl in den betreuten oder teilbetreuten Wohnheimen als auch in den Wohngemeinschaften müssen sie mit Mitbewohnern kommunizieren und – um Konflikte zu vermeiden – die wichtigsten Regeln kennen und respektieren. Zur Kommunikation müssen die wichtigsten Gegenstände im Haus benannt werden können.

Zentrale Handlungen in diesem Bereich sind:

- Müll trennen, mit Geräten im Haushalt umgehen (z.B. Waschmaschine)
- auf Sauberkeit und Hygiene achten
- Post empfangen und absenden
- die wichtigsten Hausordnungsregeln verstehen (v.a. Ruhezeiten)
- Dialog mit dem Hausmeister führen, z.B. wenn etwas nicht funktioniert

Vermittlungshinweise

Über die Einstiegsbilder wird wichtiges Vokabular zum Thema Wohnen präsentiert. Die Mini-Situationen veranschaulichen einige in Deutschland übliche Regeln und Gewohnheiten, die u.U. neu für die Lernenden sind. Für das Thema Mülltrennung können Sie Flyer von lokalen Institutionen (z.B. Landratsämter) einsetzen, die auf die jeweiligen regionalen Gegebenheiten (z.B. gelbe Tonne, gelber Sack) zugeschnitten sind.

Ergänzend zum Putzplan können auch weitere Tipps in Bezug auf Hygiene und Sauberkeit besprochen werden (z.B. richtiges Lüften, Hände waschen, Zähne putzen, Klobürste nutzen, Kochwäsche u.a.). Nutzen Sie auch die Hausordnung der Unterkunft Ihrer Teilnehmer und klären Sie gemeinsam die wichtigsten Angaben darin.

Hinweis zur Binnendifferenzierung: Bei etwas fortgeschritteneren oder leistungsstärkeren Lernern bietet es sich an, die Präpositionen (unter „Was ist wo?") und die reflexiven Verben (z.B. „Ich wasche mich.") einzuführen. Außerdem können die Lerner ihren Tagesablauf und ihre Wohnung beschreiben, ihre eigene Adresse aufschreiben und lernen, wo sie die Postleitzahlen einzelner Städte im Internet finden. Auch Uhrzeit (im Zusammenhang mit den Ruhezeiten) und Preise (Briefmarken) können vertiefend thematisiert werden. Dialoge (insbesondere Telefonate mit dem Hausmeister) können im Rollenspiel eingeübt werden.

Linktipps

- Bildwörterbuch „Wohnheimwörterbuch", als pdf gratis herunterladbar: www.studentenwerke.de/sites/default/files/46_Wohnheimwoerterbuch_d-fr-arab.pdf
- Forum für Putztipps: www.frag-mutti.de/putztipps
- Mülltrennung (hier am Beispiel von München): www.awm-muenchen.de/privathaushalte/restmuell-papier-und-bio/das-3-tonnen-system.html
- Flyer zu Brandschutz (in 7 Sprachen): www.nw-f.de/Brandschutz/Flyer-Deutsch.pdf
- Deutsche Post: https://www.deutschepost.de/de.html
- Informationen für Preise von Paketen: www.dhl.de/de/paket/pakete-versenden/weltweit-versenden/paket.html
- Versandmarke zum Ausfüllen: www.dhl.de/content/dam/dhlde/downloads/pdf/online_ausfuellbar/dhl-versandschein_eu-online-ausfuellbar-151119.pdf
- Postleitzahlensuche: www.dastelefonbuch.de/Postleitzahlen
- Telefonbuch: www.dastelefonbuch.de/

1. Im Haus

1	die Mülltonne	8	der Unterrichtsraum	15	der Tisch
2	die Treppe	9	der Waschraum	16	der Stuhl
3	die Küche	10	die Tür	17	das Bett
4	das Schlafzimmer	11	das Fenster	18	die Lampe
5	das Badezimmer	12	die Waschmaschine	19	die Heizung
6	der Keller	13	die Dusche	20	der Feuerlöscher
7	der Speisesaal	14	die Toilette/das WC	21	der Herd/der Ofen

1.1. Was ist wo? Was mache ich dort?

1. der Ofen, 2. der Herd,
3. der Kühlschrank,
4. die Mikrowelle

In der **Küche** koche ich.
In der **Küche** spüle ich ab.

1. die Dusche,
2. das Waschbecken,
3. die Toilette/das Klo,
4. der Spiegel

Im **Badezimmer** wasche ich mich.
Im **Badezimmer** dusche ich.

1. die Waschmaschine,
2. die Wäscheleine,
3. das Fahrrad

Im **Keller** wasche ich Wäsche.
Im **Keller** trockne ich Wäsche.

1. das Bett, 2. der Schrank,
3. der Stuhl

Im **Schlafzimmer** schlafe ich.
Im **Schlafzimmer** lese ich.

1. das Sofa, 2. der Fernseher,
3. der Sessel, 4. das Regal

Im **Wohnzimmer** sehe ich fern.
Im **Wohnzimmer** lerne ich.

1.2. Im Hochhaus

das Hochhaus

der Aufzug/der Lift

die Stockwerke

das elfte Obergeschoss
(= der 11. Stock)
…
das dritte Obergeschoss
(= der 3. Stock)

das zweite Obergeschoss
(= der 2. Stock)

das erste Obergeschoss
(= der 1. Stock)

das Erdgeschoss (0);
der Ausgang

das Untergeschoss
(= der Keller -1); der Parkplatz

Ü 1.1. Was ist wo auf dem Bild auf Seite 36?

der Herd

das Waschbecken

die Dusche

das Bett

der Stuhl

die Mülltonne

das WC

hinter/vor dem Haus

im Badezimmer

in der Küche

im Schlafzimmer

im Keller

im Speisesaal

der Tisch

der Spiegel

die Waschmaschine

der Schrank

der Besen

der Feuerlöscher

die Heizung

Ü 1.2. Ordnen Sie zu! Wer muss wo drücken? Verbinden Sie.

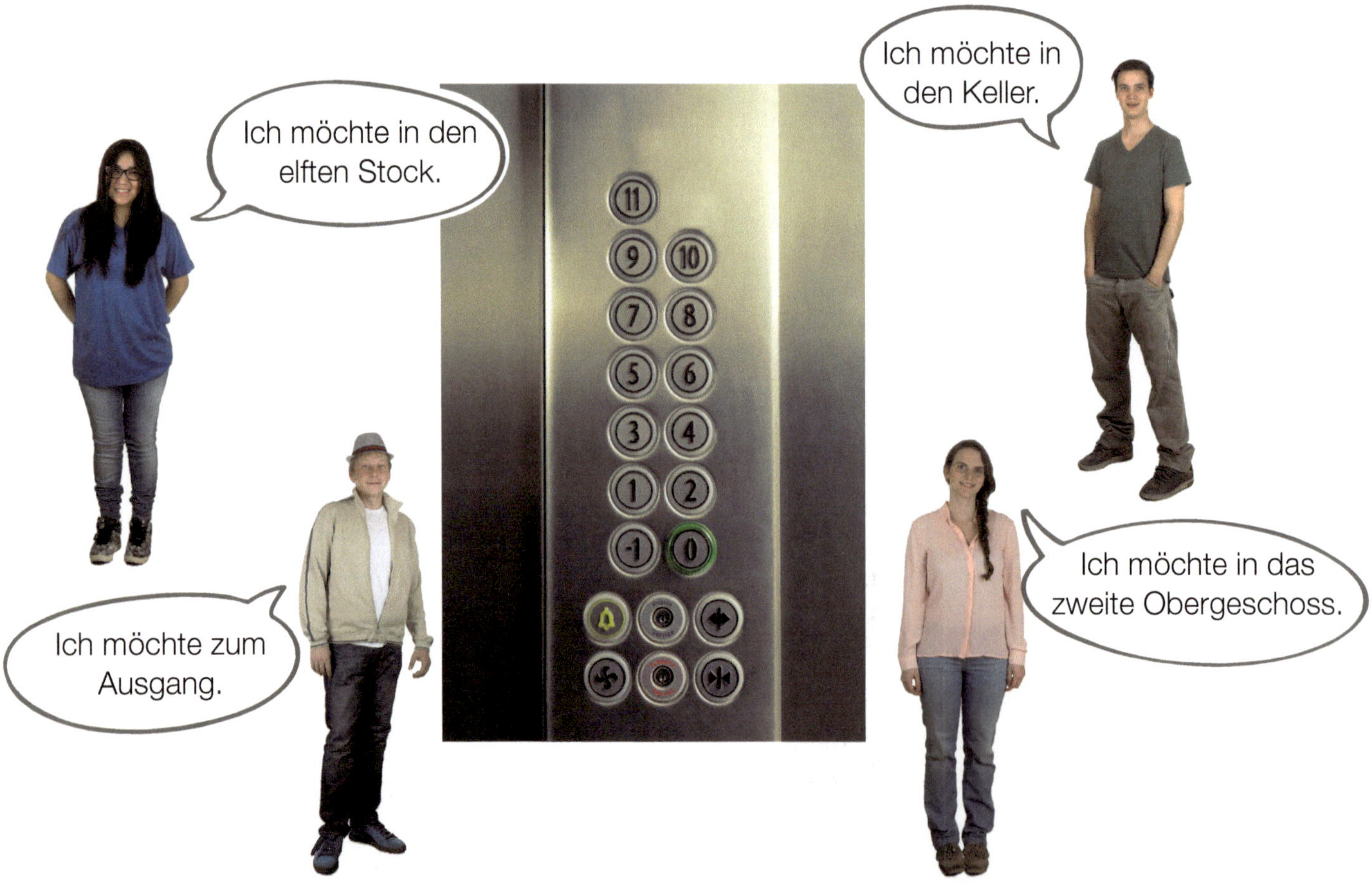

Ich möchte in den elften Stock.

Ich möchte in den Keller.

Ich möchte zum Ausgang.

Ich möchte in das zweite Obergeschoss.

2. Haushalt und Sauberkeit

1	das Bügelbrett	5	der Wäscheständer	9	die Wäsche
2	das Bügeleisen	6	die Wäscheklammer	10	der Wäschekorb
3	das Putzmittel	7	die Waschmaschine	11	das Handtuch
4	das Waschmittel	8	der Putzlappen		

2.1. Tätigkeiten im Haus

staubsaugen	das Geschirr spülen	den Müll trennen	die Kleidung bügeln	den Boden wischen	die Wäsche waschen
			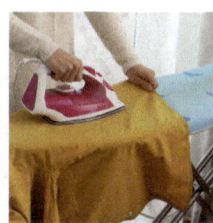		
die Steckdose der Staubsauger der Beutel	das Spülmittel der Schwamm das Geschirrtuch	der Mülleimer die Mülltüte die Mülltonne	das Bügeleisen das Bügelbrett	der Eimer der Wischmopp das Putzmittel	die Waschmaschine das Waschmittel der Wäscheständer

2.2. Mülltrennung

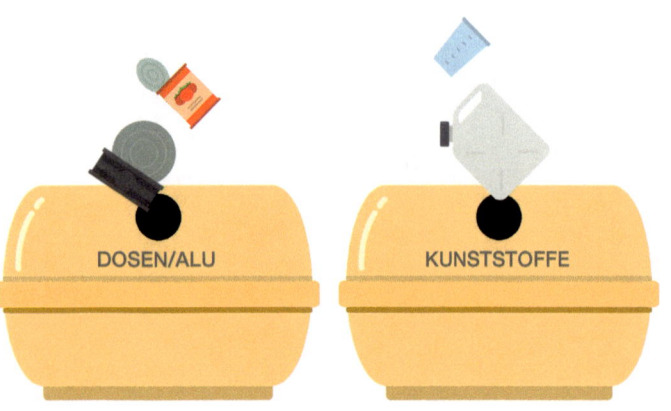

DOSEN/ALU

KUNSTSTOFFE

WEISSGLAS

BRAUNGLAS

GRÜNGLAS

PAPIER-TONNE

BIO-TONNE

RESTMÜLL-TONNE

2.3. Wäsche waschen

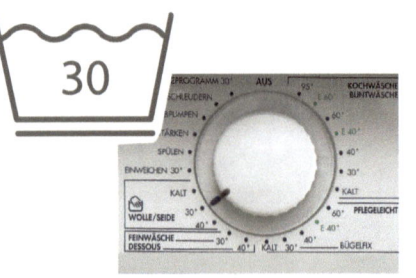

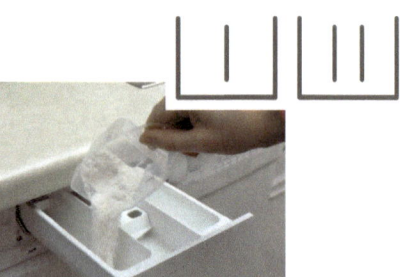

Waschmittel
sehr schmutzig ⇨ viel
ein bisschen schmutzig ⇨ wenig

Vorsicht:
Nur mit der Hand waschen,
nicht in der Waschmaschine!

Ü 2.1. Sehen Sie sich den Putzplan an. Wer macht was? Kreuzen Sie an.

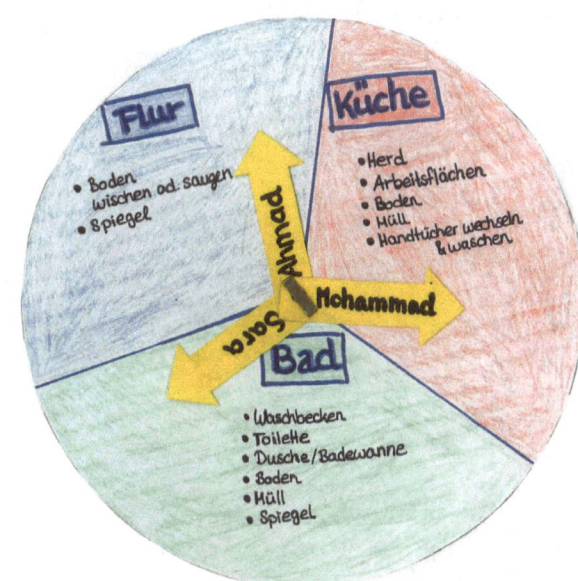

	Ahmad	Mohammad	Sara
Toilette putzen			
Waschbecken säubern			
Müll rausbringen			
Boden wischen			
Handtücher wechseln			
Herd putzen			
Arbeitsflächen putzen			
Spiegel putzen			

Ü 2.2. Ordnen Sie zu: Was brauchen Sie zum …

… Geschirrspülen?   8 ☐ ☐ ☐

… Boden wischen?   ☐ ☐ ☐

… Toilette putzen?   ☐ ☐ ☐

3 Handschuhe

8 Spülmittel

2 einen Eimer

Putzmittel 9

1 einen Schwamm

5 ein Geschirrtuch

7 eine Klobürste

4 Toilettenreiniger

6 einen Mopp

Ü 2.3. Was kommt in welche Tonne? Verbinden Sie.

DOSEN/ALU

WEISSGLAS

ALTPAPIERTONNE

BIOTONNE

RESTMÜLLTONNE

Wertstoffhof

3. Rund ums Haus

1	die Haustür	5	der Schlüssel	9	die Zeitung
2	der Briefkasten	6	die Treppe	10	das Licht
3	die Klingel	7	das Paket		
4	die Hausnummer	8	der Name		

3.1. An der Tür

klingeln   aufmachen   zumachen   aufsperren   zusperren

offen/auf

zu

3.2. Post bekommen und verschicken

Abs.: Max Mustermann
Bahnhofstraße 55
85432 München

70
Deutschland

der Absender

die Briefmarke

Sabine Meier-Hofer   die Empfängerin

Berenhorststraße 7

13403 Berlin

der Vorname: Sabine

der Nachname: Meier-Hofer

die Straße: Berenhorststraße

die Hausnummer: 7

die Postleitzahl (= PLZ): 13403

der Ort: Berlin

das Land: Deutschland

- Eine Briefmarke für einen kleinen Brief kostet 70 Cent.
- Ein 5 kg schweres Paket nach Nigeria kostet 43€.
- Beachten Sie: Nur der Empfänger/ die Empfängerin darf den Brief öffnen!

Stand: Juni 2017

Ü 3.1. Welches Wort passt? Ordnen Sie zu.

zusperren   „Kannst du bitte das Fenster _____, mir ist kalt."

aufsperren   „Kannst du bitte die Tür _____, ich habe die Hände voll."

zumachen   „Kannst du nach dem Duschen bitte das Fenster _____?"

aufmachen   „Ich kann nicht _____, ich habe keinen Schlüssel."

Ü 3.2. Welche Antwort ist richtig? Kreisen Sie ein: Ja   (Nein)

Die Tür ist geschlossen.	Das Fenster ist zu.	Die Tür ist auf.	Das Fenster ist offen.
Ja Nein	Ja Nein	(Ja) Nein	Ja Nein

Ü 3.3. Wer sagt was? Verbinden Sie.

Ich heiße Peter Müller.
Ich wohne in der Schillerstraße 3 in Enten-hausen. Meine Postleitzahl ist 17654.

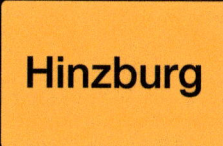
Hinzburg

Ich heiße Frida Meier.
Ich wohne im Holzweg 7 in Hinzburg.
Die Postleitzahl ist 97865.

Friedensallee

Ich heiße Laura Schön.
Ich wohne in der Friedensallee 17
in 89677 München.

3

Adressieren Sie die Briefe an die 3 Personen.

Ü 3.4. Was kostet ein Paket (2 kg, 5 kg, 10 kg) in Ihr Heimatland?

4. Zusammen leben

1	die Heizung	**5**	die Hausordnung	**9**	die Wand
2	der Bohrer	**6**	die Party	**10**	die Decke
3	der Lautsprecher	**7**	die Uhr	**11**	der Boden
4	die Stereoanlage	**8**	das Waschbecken	**12**	reparieren

4.1. Lärmschutz und Ruhezeiten

Wissen Sie nicht, wie spät es ist? Es ist 22:15 Uhr!

Was ist das Problem?

Schauen Sie in die Hausordnung!

HAUSORDNUNG

RUHEZEITEN:
20:00 - 7:00 Uhr
12:00 - 15:00 Uhr
Sonntags ganztags

SICHERHEIT:
Unter Sicherheitsaspekten sind Haustüren, Kellereingänge und Hoftüre
22.00 bis 6.00 Uhr ständig geschlossen zu halten.

Haus- und Hofeingänge, Treppen und Flure sind als Fluchtwege grunds
Davon ausgenommen ist das Abstellen von Kinderwagen, Gehhilfen un
weit dadurch keine Fluchtwege versperrt und andere Mitbewohner unzu
werden

Was macht Lärm?

laut Musik hören • laut reden • Wäsche waschen • bohren • hämmern • staubsaugen

4.2. Etwas ist kaputt.

Die Heizung ist kaputt und es gibt kein warmes Wasser.
Sie müssen den Hausmeister/die Hausverwaltung anrufen.

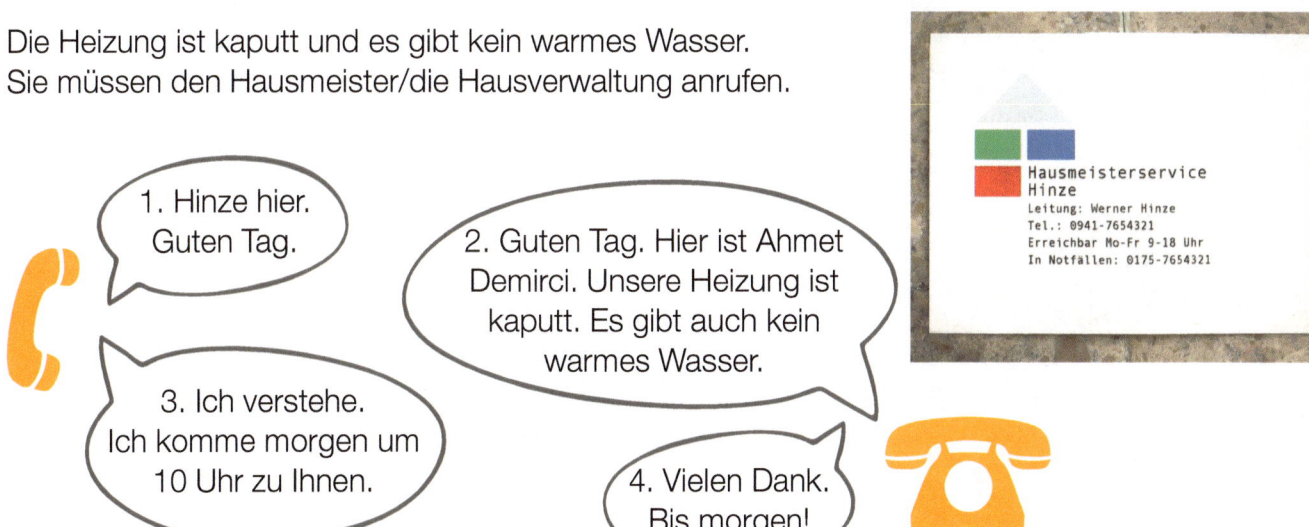

1. Hinze hier. Guten Tag.

2. Guten Tag. Hier ist Ahmet Demirci. Unsere Heizung ist kaputt. Es gibt auch kein warmes Wasser.

3. Ich verstehe. Ich komme morgen um 10 Uhr zu Ihnen.

4. Vielen Dank. Bis morgen!

Hausmeisterservice Hinze
Leitung: Werner Hinze
Tel.: 0941-7654321
Erreichbar Mo-Fr 9-18 Uhr
In Notfällen: 0175-7654321

4.3. Energie und Strom sparen

In der Nacht: Machen Sie die Heizung aus!
Der Raum ist leer: Machen Sie die Heizung aus!

In der Nacht: Machen Sie das Licht aus!
Der Raum ist leer: Machen Sie das Licht aus!

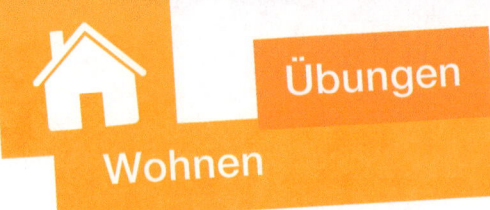
Ü 4.1. Darf ich das um diese Uhrzeit? Kreuzen Sie an.

			ja	nein	Weiß ich nicht
🕗	Montag (Abend)	Darf ich staubsaugen?	☐	☐	☐
🕗	Sonntag (Abend)	Darf ich Wäsche waschen?	☐	☐	☐
16:08	Mittwoch (Nachmittag)	Darf ich kochen?	☒	☐	☐
12:00	Samstag (Mittag)	Darf ich bohren oder hämmern?	☐	☐	☐
🕛	Montag (Vormittag)	Darf ich laute Musik hören?	☐	☐	☐

HAUSORDNUNG

RUHEZEITEN:
20:00 - 7:00 Uhr
12:00 - 15:00 Uhr
Sonntags ganztags

Hausverwaltung Müller
Hausstraße 15
93047 Regensburg
0941 123456

SICHERHEIT:
Unter Sicherheitsaspekten sind Haustüren, Kellereingänge und Hoftüren in der Zeit von 22.00 bis 6.00 Uhr ständig geschlossen zu halten.

Haus- und Hofeingänge, Treppen und Flure sind als Fluchtwege grundsätzlich freizuhalten.

Ü 4.2. Bringen Sie das Telefonat in die richtige Reihenfolge. Nummerieren Sie (1-6).

☐	Vielen Dank, bis morgen!	☐	Ja. Wie kann ich Ihnen helfen?
☐	Sind Sie der Hausmeister?	1	Guten Tag, hier Hinze.
☐	Ich komme morgen um 12 Uhr.	☐	Unsere Waschmaschine ist kaputt.

Ü 4.3. Was ist kaputt? Können Sie das selbst oder müssen Sie den Hausmeister anrufen? Kreuzen Sie an.

	selbst	Hausmeister
Die Heizung ist kaputt.	☐	☐
Die Glühbirne ist kaputt.	☐	☐
Ich habe kein warmes Wasser.	☐	☐
Die Waschmaschine ist kaputt.	☐	☐
Der Abfluss ist verstopft.	☐	☐
Der Fernseher ist kaputt.	☐	☐

Ü 4.4. Haben Sie einen Hausmeister? Wie können Sie ihn erreichen?

Zum Kapitel

Thematische Schwerpunkte
Essgewohnheiten, gesunde und ungesunde Ernährung, Getränke, zusammen kochen

Hintergrundinformationen
Viele Lebensmittel, Gerichte und Ess- und Trinkgewohnheiten, die in Deutschland üblich sind, sind für die Geflüchteten neu. Sie müssen Zutaten besorgen und auch mit unbekannten Lebensmitteln kochen. Viele Ehrenamtliche werden zum Dank zum Essen eingeladen, hier bietet sich ein interkultureller Austausch über Gerichte und Essgewohnheiten besonders an (z.B. Brot als Beilage, Drei-Gänge-Menü, höfliche Ablehnung bei Sättigungsgefühl etc.).

Zentrale Handlungen in diesem Bereich sind:
- Lebensmittel in Deutschland benennen können
- über Essgewohnheiten sprechen
- gesunde und ungesunde Ernährung unterscheiden
- Risiken von Alkohol kennen
- auf Inhalte in bestimmten Lebensmitteln achten (Schweinefleisch, Alkohol, Zucker, Vitamine)

Vermittlungshinweise
Über das Einstiegsbild, das viele verschiedene Lebensmittel und Getränke abbildet, wird wichtiges Vokabular zu den Themen „Essen" und „Trinken" präsentiert. Die Mini-Situationen veranschaulichen einige Hinweise zu den Lebensmitteln und Getränken. Bitte machen Sie hier darauf aufmerksam, dass in manchen Lebensmitteln Alkohol oder Schweinefleisch (z.B. Schweinegelatine bei Gummibärchen, gemischtes und reines Schweinehackfleisch) enthalten ist, und erklären Sie, wie diese Inhaltsstoffe bei Lebensmitteln ausgewiesen sind. Wichtig ist auch die Kennzeichnung von Halal-Produkten, die in vielen arabischen Lebensmittelgeschäften zu kaufen sind.

Auch sollten Sie die Risiken von Alkohol thematisieren und die Folgen von Alkoholkonsum betonen (Sucht, Alkoholvergiftung, Fahruntüchtigkeit auch auf dem Fahrrad etc.).

In Bezug auf die Ess- und Trinkgewohnheiten können weiterhin – da in Deutschland zunehmend relevant – Besonderheiten wie vegetarische, vegane, laktose-, und glutenfreie Ernährung angesprochen werden, ebenso die Palette an angebotenen Kaffeespezialitäten (Milchkaffee, Capuccino, Espresso, Latte Macchiato …).

Hinweis zur Binnendifferenzierung: Deutsche Artikelwörter und damit das grammatische Genus sowie Pluralformen können thematisiert und eingeübt bzw. wiederholt werden (z.B. das Gummibärchen, die Gummibärchen; der Apfel, die Äpfel, etc.). Außerdem können Kochrezepte gelesen oder sogar (in Infinitivform) selbst verfasst werden (z.B. „Mein Lieblingsgericht").

Linktipps

- Tipps zur gesunden Ernährung (auch während der Schwangerschaft):
  www.zentrum-der-gesundheit.de/gesunde-ernaehrung.html
- Faltblätter des Kompetenzzentrums für Ernährung (Kern) zum Download, zu Baby- und Kleinkindnahrung, auch auf Arabisch:
  www.kern.bayern.de/publikationen/112053/index.php
- Bundeszentrale für gesundheitliche Aufklärung (v.a. Risiken von Alkohol):
  www.kenn-dein-limit.de/
- Hinweise zu Halal-Produkten in Deutschland:
  www.halal.de/
- Ernährungstipps für alternative Ernährung:
  www.3pauly.de/alltagstipps/
- viele verschiedene einfache Rezepte zum Nachkochen:
  www.essen-und-trinken.de/schnelle-rezepte

1. Essgewohnheiten

das Besteck

das Messer

der Löffel

die Gabel

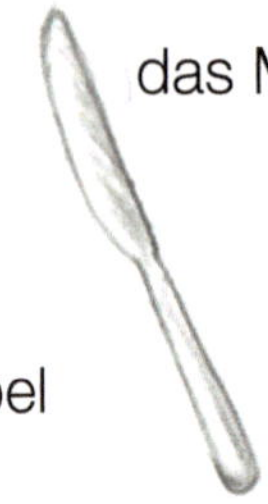

das Geschirr

die Tasse

das Glas

der Teller

Internationale Gerichte

die/das Falafel

der Döner Kebab

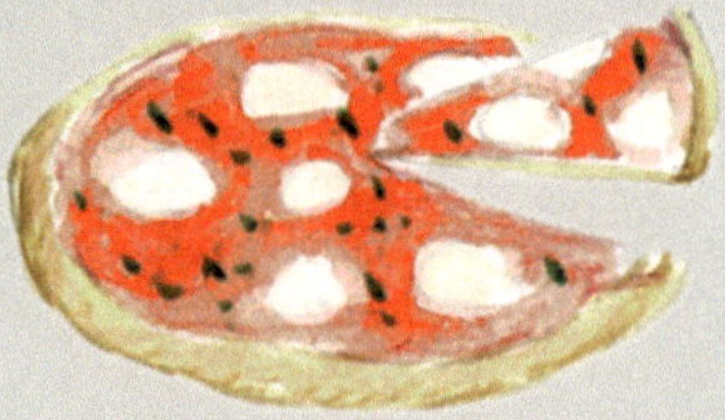

die Pizza

das Fladenbrot

das Sushi

der Couscous

die Paella

die Wurst

Traditionelle deutsche Gerichte

der Braten mit Knödel

das Brötchen

das Schnitzel

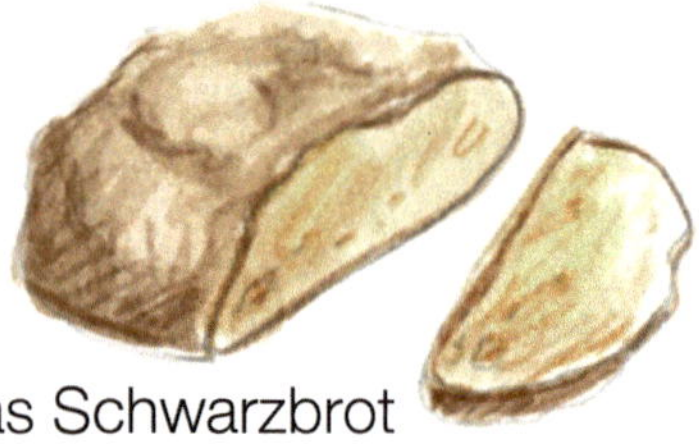

das Schwarzbrot

die Waffel

der Kartoffelsalat

1.1. Beim Imbiss

1.2. Frühstück in Deutschland

1	das Müsli	6	das Ei	11	der Orangensaft
2	die Milch	7	die Marmelade	12	der Frischkäse
3	der Toast	8	der Honig	13	das Salz
4	der Kaffee	9	der Käse	14	das Brot
5	die Butter	10	die Wurst	15	das Brötchen

Ü 1.1. Was isst man in Deutschland normalerweise zuerst, was am Ende? Ordnen Sie zu.

Linseneintopf

Kuchen

Salat

Schokoladenpudding

1. Vorspeise

2. Hauptspeise

3. Nachspeise

Schweinebraten

Suppe

Eis

Spaghetti mit Tomatensauce

Ü 1.2. Servieren Sie ein traditionelles deutsches Frühstück, Mittagessen und Abendbrot. Verbinden Sie.

Frühstück   Mittagessen   Abendessen

der Eintopf   das Brot   die Tomate   die Spaghetti   das Brötchen

das Ei   die Butter   der Salat   der Tee   das Brathähnchen

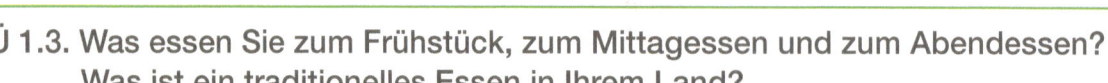

Ü 1.3. Was essen Sie zum Frühstück, zum Mittagessen und zum Abendessen? Was ist ein traditionelles Essen in Ihrem Land?

2. Gesunde und ungesunde Ernährung

gesund

1	die Gurke
2	die Milch
3	der Apfel
4	die Birne
5	der Kopfsalat
6	die Karotte
7	der Naturjoghurt
8	der Reis
9	das Wasser

ungesund

1	der Alkohol
2	die Schokolade
3	das Fastfood (der Burger, die Pommes)
4	die Sahne
5	die Torte
6	die Chips
7	die Gummibärchen
8	der Keks

2.1. Was ist gesund?

viel Zucker ⟶ ungesund

viel Fett ⟶ ungesund

viel Salz ⟶ ungesund

Durchschnittliche Nährwerte pro 100 ml	
Energie	166 kJ/40 kcal
Fett	3,1 g
davon gesättigte Fettsäuren	0,3 g
Kohlenhydrate	1,7 g
davon Zucker	1,7 g
Ballaststoffe	0,7 g
Eiweiß	1,0 g
Salz	0,11 g

viele Vitamine ⟶ gesund

viel Eiweiß ⟶ gesund

2.1. Vorsicht!

Pilze schmecken gut. Aber Achtung: Viele Pilze sind giftig! Pilze aus der Natur nicht essen!

Achtung: In Schnitzel, Wurst, Schinken und Hackfleisch ist oft Schweinefleisch. Aber es gibt auch Putenschnitzel, Rinderhackfleisch und Tofuwürstchen.

Ist das Schweinefleisch?

Ü 2.1. Was ist das? Ist das gesund oder ungesund?
Verbinden Sie und kreuzen Sie an.

	gesund		ungesund
die Tomate	☐		☐
die Schokolade	☐		☐
die Gurke	☐		☐
die Birne	☐		☐
das Fastfood	☐		☐
die Sahne	☐		☐

Ü 2.2. Was ist gesunde Ernährung? Was soll man wie oft essen oder trinken?
Kreuzen Sie an.

	selten	manchmal	oft	nie
Wasser	☐	☐	☐	☐
Cola	☐	☐	☐	☐
Kuchen	☐	☐	☐	☐
Kartoffeln	☐	☐	☐	☐
Fast-Food	☐	☐	☐	☐
Pilze aus dem Wald	☐	☐	☐	☐

Ü 2.2. Was ist da drin? Ordnen Sie zu.

der Burger   die Ananas   die Gurke   die Chips   die Karotte

viel Zucker   viele Vitamine   viel Salz   viel Fett

die Pommes   die Kartoffel   die Sahnetorte   die Gummibärchen   die Brezel   der Keks

3. Getränke

 1

 2

 3

 4

 5

 6

 7

 8

 9

 10

 11

 12

 13

1 der Tee

2 der Kamillentee

3 der Kaffee

4 die Milch

5 der Smoothie

6 das Wasser

7 der Orangensaft

8 die Limonade

9 die Cola

10 der Wein

11 der Sekt

12 der Schnaps

13 das Bier

3.1. Hinweise zu Getränken

Kein Trinkwasser

In Bier, Wein und Schnaps ist Alkohol.

Bier hat weniger Alkohol, Wein hat mehr Alkohol und Schnaps hat am meisten Alkohol.
Kein Bier unter 16 Jahren. Kein Wein und Schnaps unter 18 Jahren.

Viel Alkohol ist ungesund!

Wasser ist gesund. Trinken Sie viel Wasser!

Leitungswasser kann man in Deutschland trinken.

Achtung: kein Trinkwasser!

3.2. Gerichte und Lebensmittel mit Alkohol

Ist da Alkohol drin?

Nein. Nur im Tiramisu ist etwas Schnaps.

Ok. Ich nehme ein Stück Apfelkuchen, bitte.

Manchmal ist auch in Lebensmitteln Alkohol, z.B. in Tiramisu, Pralinen, Torten, Soßen.
Fragen Sie!

Ü 3.1. Was ist das? Ist da Alkohol drin? Verbinden Sie
und kreuzen Sie an: immer, manchmal oder nie.

	manchmal	immer	nie
der Tee	☐	☐	☐
der Kakao	☐	☐	☐
der Milchshake	☐	☐	☐
der Sekt	☐	☐	☐
das Bier	☐	☐	☐
das Wasser	☐	☐	☒
der Tequila	☐	☐	☐

Alkohol?

Ü 3.2. Was trinken Sie morgens, mittags und abends? Vergleichen Sie in der Gruppe.

	morgens	mittags	abends
Kaffee	☐	☐	☐
schwarzen Tee	☐	☐	☐
grünen Tee	☐	☐	☐
Wasser	☐	☐	☐
Alkohol	☐	☐	☐
Saft	☐	☐	☐
Limonade	☐	☐	☐
Cola	☐	☐	☐
etwas anderes: _____	☐	☐	☐

Ü 3.3. Was trinkt man in Ihrem Heimatland gerne? Welche Unterschiede gibt es
zu Deutschland?

4. Zusammen kochen

1	der Topf	7	der Granatapfelsirup	13	die Karotte
2	der Honig	8	der Pfeffer	14	die Frühlingszwiebel
3	die Petersilie	9	die Zitrone	15	das Salz
4	die Chilischoten	10	die Avocado	16	die Kichererbsen
5	das Paprikapulver	11	die Paprika	17	das Messer
6	das Olivenöl	12	die Gurke		

4.1. Wie macht man Pfannkuchen?

Zutaten (für den Teig)

4 Eier

350ml Milch

50ml Mineralwasser

1 Prise Salz

200g Mehl

Öl zum Braten

1 Eier schaumig schlagen und mit Milch verrühren.

2 Restliche Zutaten hinzugeben und verrühren.

3 15 Minuten stehen lassen.

4 Öl in die Pfanne geben und auf dem Herd erhitzen.

5 Etwas Teig in die Pfanne geben und verteilen.

6 Auf beiden Seiten goldbraun backen.

Pfannkuchen schmecken…
- …süß: z.B. mit Marmelade, Apfelmus, Zimt und Zucker
- …salzig: z.B. mit Käse oder Gemüse

Und nun: Guten Appetit!

Pfannkuchen heißen auch Eierkuchen oder Palatschinken.

Ü 4.1. Was braucht man für Tomatensuppe, Lamm-eintopf und Pfannkuchen? Ordnen Sie zu.

Tomaten

Milch

Eier

Topf

saure Sahne

Mineralwasser

Paprika

Zimt

Mehl

Pfanne

Salz

Zwiebel

Knoblauch

Öl

Lammfleisch

Ü 4.2. Zusammen kochen und essen. Welche Antwort passt? Verbinden Sie.

Wo ist die Milch?

Haben wir noch Eier?

Möchtest du noch mehr Kartoffeln?

Schmeckt es euch?

Ist das Schweinefleisch?

Was kochen wir heute?

Möchte jemand einen Kaffee?

Wir haben keine mehr. Ich gehe zum Einkaufen.

Nein danke, ich bin satt.

Ja, ich! Mit Milch und ohne Zucker.

Im Kühlschrank.

Schmeckt super, danke.

Nein, das ist Rind.

Ich habe Lust auf Fleisch.

Ü 1.3. Was essen Sie zum Frühstück, zum Mittagessen und zum Abendessen? Was ist ein traditionelles Essen in Ihrem Land?

Zum Kapitel

Thematische Schwerpunkte

Notfälle, Ärzte und Krankheiten, Arztbesuch, Medikamente

Hintergrundinformationen

Bei gesundheitlichen Fragen und Behandlungen können Verständigungsprobleme sowie kulturelle/religiöse Unterschiede auf beiden Seiten zu Komplikationen und Missverständnissen führen. Für die Behandlung beim Arzt benötigen Flüchtlinge je nach Aufenthaltsstatus einen Behandlungsschein oder eine Gesundheitskarte bzw. Krankenversicherungskarte. Art und Umfang der Versorgung variieren ebenfalls je nach erfolgter Aufenthaltsdauer. Falls keine ausreichende Verständigungsmöglichkeit mit dem Patienten besteht, kann formlos beim zuständigen Sozialhilfeträger ein Dolmetscher angefordert werden. Die Kosten hierfür übernimmt der Sozialhilfeträger. Aus kulturbedingten, religiösen oder persönlichen Gründen wollen oftmals mehrere Familienmitglieder gemeinsam mit dem Patienten in den Besprechungs- oder Behandlungsraum gehen. Das ist in Deutschland eher unüblich und kann zu Missverständnissen führen. Weibliche Patienten bestehen möglicherweise aus denselben Gründen auf die Behandlung durch eine Ärztin. Für viele der Flüchtlinge ist die in Deutschland streng eingehaltene ärztliche Schweigepflicht nicht selbstverständlich.

Durch die Einnahme von Medikamenten (z.B. Psychopharmaka) könnten die Patienten tagsüber in der Schule, im Deutschkurs und anderswo teilnahmslos, müde und abwesend wirken.

Zentrale Handlungen in diesem Themenbereich sind:
- Verhalten im Notfall
- über Krankheiten und Schmerzen sprechen
- Verhalten beim Arzt
- Medikamente kaufen und einnehmen

Vermittlungshinweise

Zum Einstieg werden verschiedene Unfallszenarien vorgestellt. Die darauf folgenden Mini-Situationen zeigen das erforderliche Verhalten nach einem Unfall und bei gesundheitlichen Problemen sowie den dafür relevanten Wortschatz und Redemittel (Körperteile, Beschwerden). Außerdem werden das Verhalten beim Arzt und der (korrekte) Umgang mit Medikamenten behandelt. Die Dialoge bieten sich gut für Rollenspiele an. Wenn möglich, sollten die Asylbewerber bereits mit dem Anamnesebogen oder Patientendokumentationsbogen (Downloads s.u.) vertraut gemacht werden: persönliche Daten, Name des Hausarztes, Krankengeschichte, Allergien, sonstige Gewohnheiten (Rauchen, Medikamente) etc.

Linktipps

- Informationen zur ärztlichen Behandlung von Asylbewerbern mit Informationsmaterial in verschiedenen Sprachen:
  www.kvb.de/abrechnung/erstellung-abgabe-korrektur/besondere-kostentraeger/behandlung-von-asylbewerbern/
- Formulare für den Arztbesuch auf Deutsch und anderen Sprachen:
  www.kvhessen.de/fuer-unsere-mitglieder/unternehmen-praxis/versorgung-von-fluechtlingen/
- Informationen zu Geschlechtskrankheiten, Sucht, Impfung etc. (auch in anderen Sprachen erhältlich):
  www.bzga.de/infomaterialien/medienuebersichten/
- Informationen zum Thema Gesundheit und Vorsorge:
  www.bamf.de/DE/Willkommen/GesundheitVorsorge/gesundheitvorsorge-node.html
- „Mein Körper in Wort und Bild": Aufklärung zum Thema Körper, Sexualität und Partnerschaft in verschiedenen Sprachen:
  www.zanzu.de/de/Wahl-der-Sprache
- Informationen zur medizinischen Versorgung von Asylbewerbern und Flüchtlingen in Bayern:
  www.kvb.de/fileadmin/kvb/dokumente/Praxis/Abrechnung/KVB-Merkblatt-Abrechnung-Medizinische-Versorgung-Asylbewerber-Fluechtlinge.pdf
- Dialoge im Bereich Pflege und Gesundheit (mit Beispielvideos):
  de.language-for-caregivers.eu/tlcpack/12
- Youtube-Videos zu „Wie funktioniert ein Arztbesuch in Deutschland?" (dt., engl., arab.):
  www.youtube.com/watch?v=XTQP-gSCQco&feature=youtu.be (arabische Version)
- Faltblatt Apotheken:
  www.abda.de/fileadmin/assets/Oeffentlichkeitsarbeit/Fluechtlinge/Flyer/abda_flyer_fluechtlinge_160229_DE.pdf

1. Notfälle

der Unfall

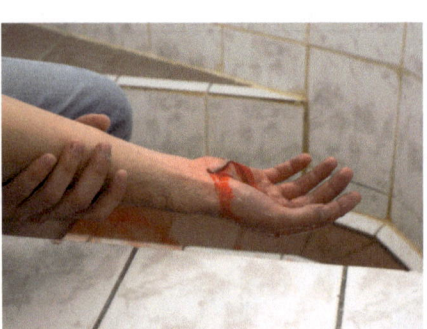
der Schnitt

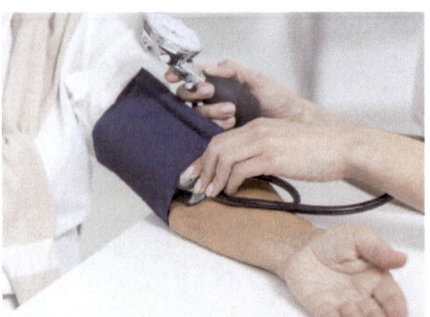
der Bluthochdruck

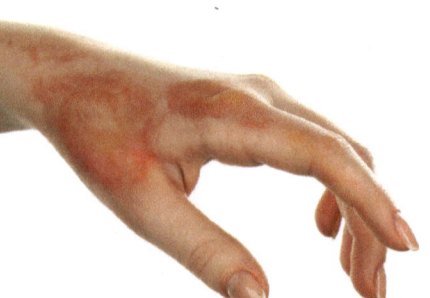
die Verbrennung

der Stromschlag

die Schwangerschaft

der Bruch
die Prellung

die Ohnmacht
die Bewusstlosigkeit

die Vergiftung

1.1. Notrufnummern

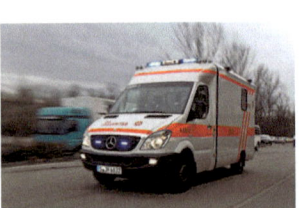
der Rettungswagen

die Feuerwehr

112 (eins-eins-zwei)

die Polizei

110 (eins-eins-null)

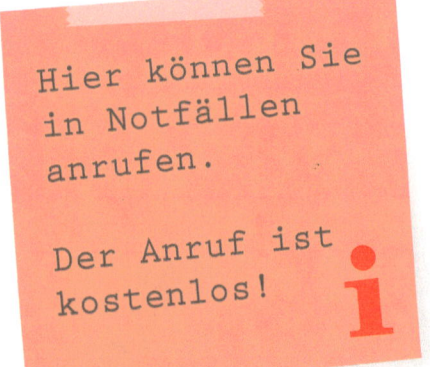

Hier können Sie in Notfällen anrufen.

Der Anruf ist kostenlos!

1.2. Den Notarzt rufen

1. Wo ist etwas geschehen?
2. Was ist geschehen?
3. Wie viele Personen sind betroffen?
4. Welche Art von Verletzung liegt vor?
5. Warten auf Rückfragen!

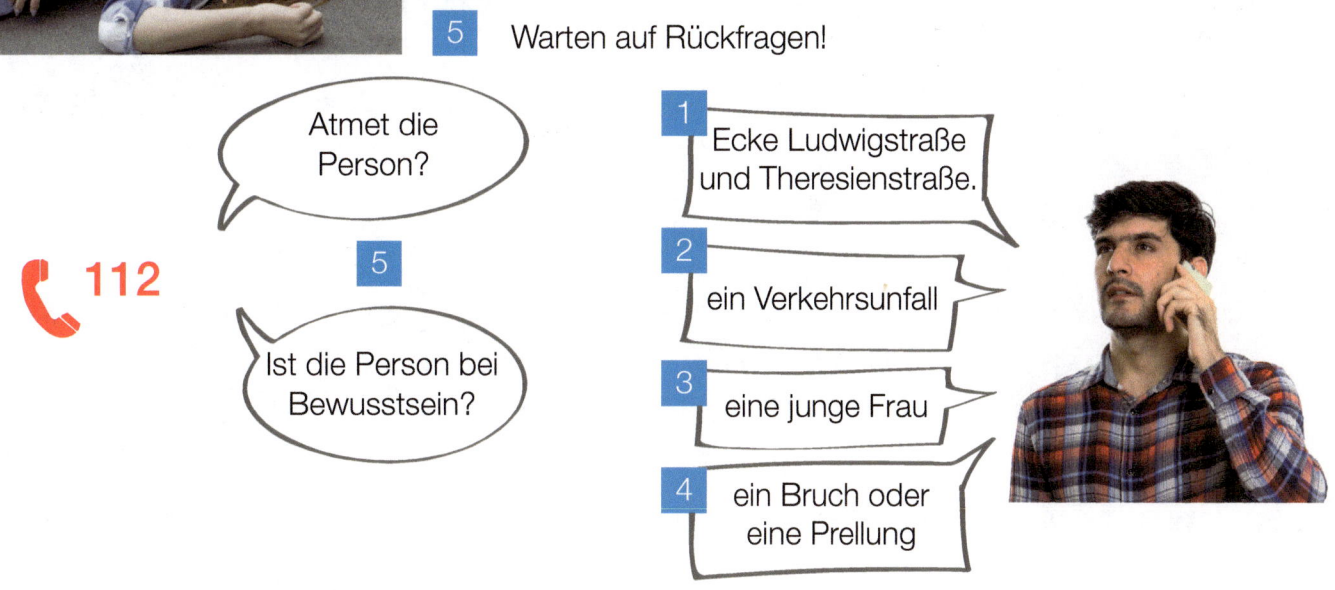

Atmet die Person?

5

Ist die Person bei Bewusstsein?

📞 112

1. Ecke Ludwigstraße und Theresienstraße.
2. ein Verkehrsunfall
3. eine junge Frau
4. ein Bruch oder eine Prellung

1.3. Körperteile benennen

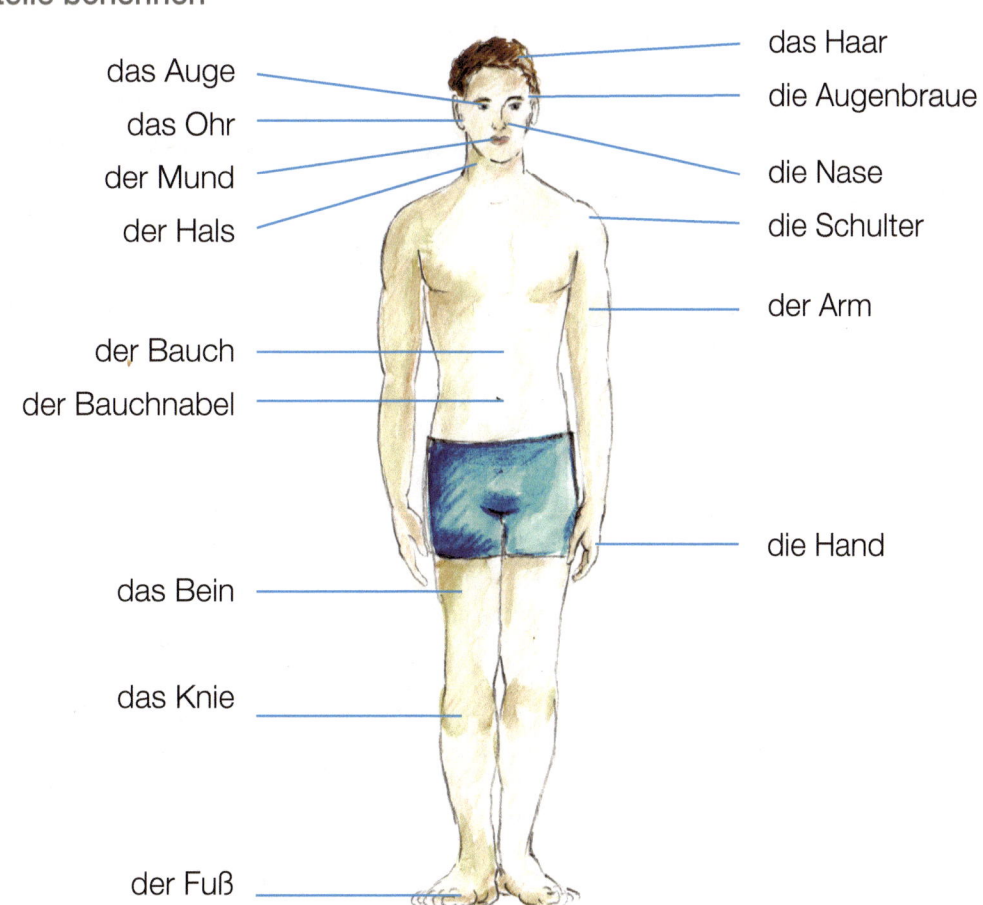

das Auge
das Ohr
der Mund
der Hals

der Bauch
der Bauchnabel

das Bein

das Knie

der Fuß

das Haar
die Augenbraue
die Nase
die Schulter
der Arm

die Hand

Ü 1.1. Was ist los ? Verbinden Sie.

Mein Kind hat sich die Hand verbrannt.

Meine Frau bekommt keine Luft mehr.

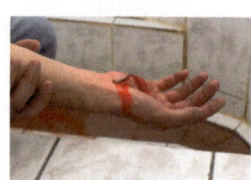

Eine Frau hatte einen Verkehrsunfall.

Das Bein ist gebrochen.

Er hat vielleicht einen Herzinfarkt.

Sie ist in Ohnmacht gefallen.

Mein Finger blutet sehr stark.

Ich habe starke Bauchschmerzen.

Ü 1.2. Was ist los? Verbinden Sie.

Mein Mann ist hingefallen. Er ist bewusstlos.

Wo ist etwas geschehen?

Ein Kind.

Bei mir zu Hause. Martinstraße 5.

Unten am Bahnsteig.

Was ist geschehen?

Eine Wunde am Kopf mit viel Blut.

Wie viele Personen sind betroffen?

Ein Schnitt.

Welche Art von Verletzung liegt vor?

Zwei Männer.

An der U-Bahnstation Westend.

Mein Kind hat Spülmittel getrunken.

2. Ärzte und Krankheiten

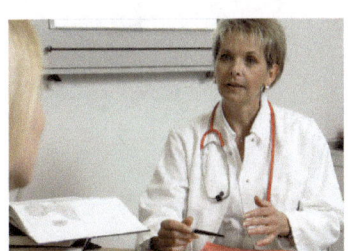
der Zahnarzt

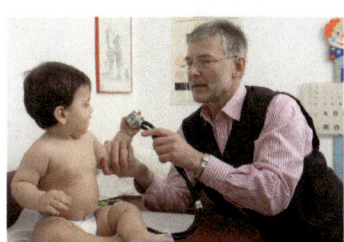
der Kinderarzt

die Augenärztin

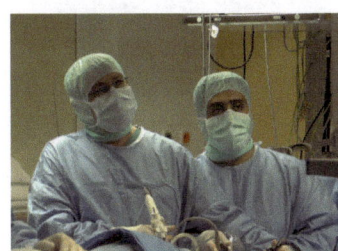
die Hausärztin
die Ärztin für Allgemeinmedizin

der Chirurg

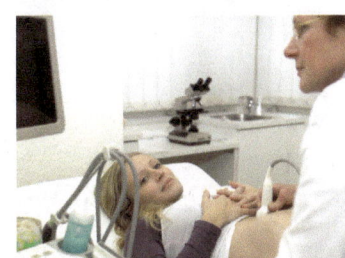
die Frauenärztin
die Gynäkologin

2.1. Beschwerden

die Übelkeit

der Schnupfen

das Fieber

der Husten

die Hals-
schmerzen

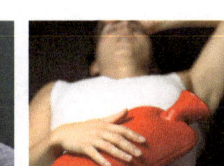
die Bauch-
schmerzen

die Kopf-
schmerzen

die Zahn-
schmerzen

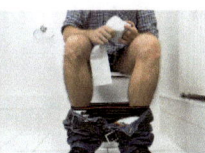
der Durchfall

die Rücken-
schmerzen

das Schwindel-
gefühl

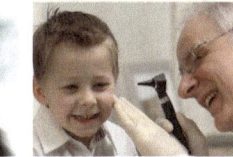
die Ohren-
schmerzen

2.2. Weniger Krankheiten durch Hygiene

Eigenes Geschirr
benutzen!

Hände waschen!

Eigene Zahnbürste
benutzen!

Eigenes Handtuch
benutzen!

Flüssigseife
benutzen!

Hand vor den Mund
halten (beim Niesen
und Husten)!

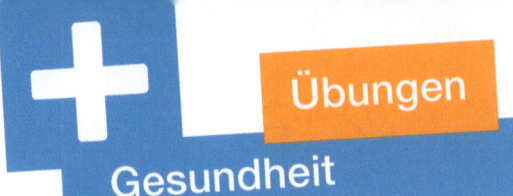
Ü 2.1. Was ist los und welcher Arzt passt? Verbinden Sie.

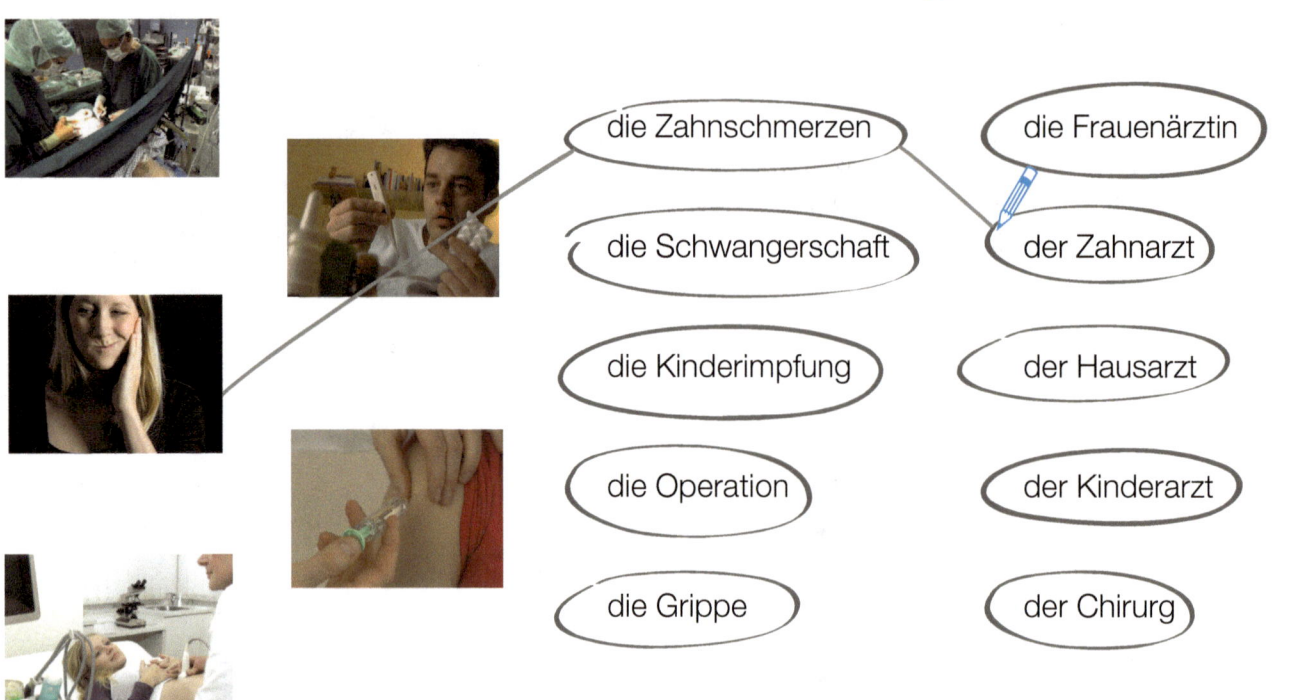

die Zahnschmerzen

die Frauenärztin

die Schwangerschaft

der Zahnarzt

die Kinderimpfung

der Hausarzt

die Operation

der Kinderarzt

die Grippe

der Chirurg

Ü 2.2. Finden Sie die Wörter.

FLÜSSIGSEIFESCHNUPFENHANDTUCHIMPFUNGGYNÄKOLOGEZAHNBÜRSTEFIEBERHALSSCHMERZEN

Ü 2.3. Was tut weh? Was fehlt Ihnen? Verbinden Sie.

Mir ist übel.

Ich habe Rücken-schmerzen.

Ich bin allergisch gegen Antibiotika.

Mir tut der Hals weh.

Mir ist schwindlig.

3. Beim Arzt

Praxis
Dr. Peter Meier
Arzt für Allgemeinmedizin Sprechzeiten:
Mo, Di, Fr: 8:00-11:00 u. 15:00-18:00
Mi: 8:00-12:00, Do: 14:00-20:00

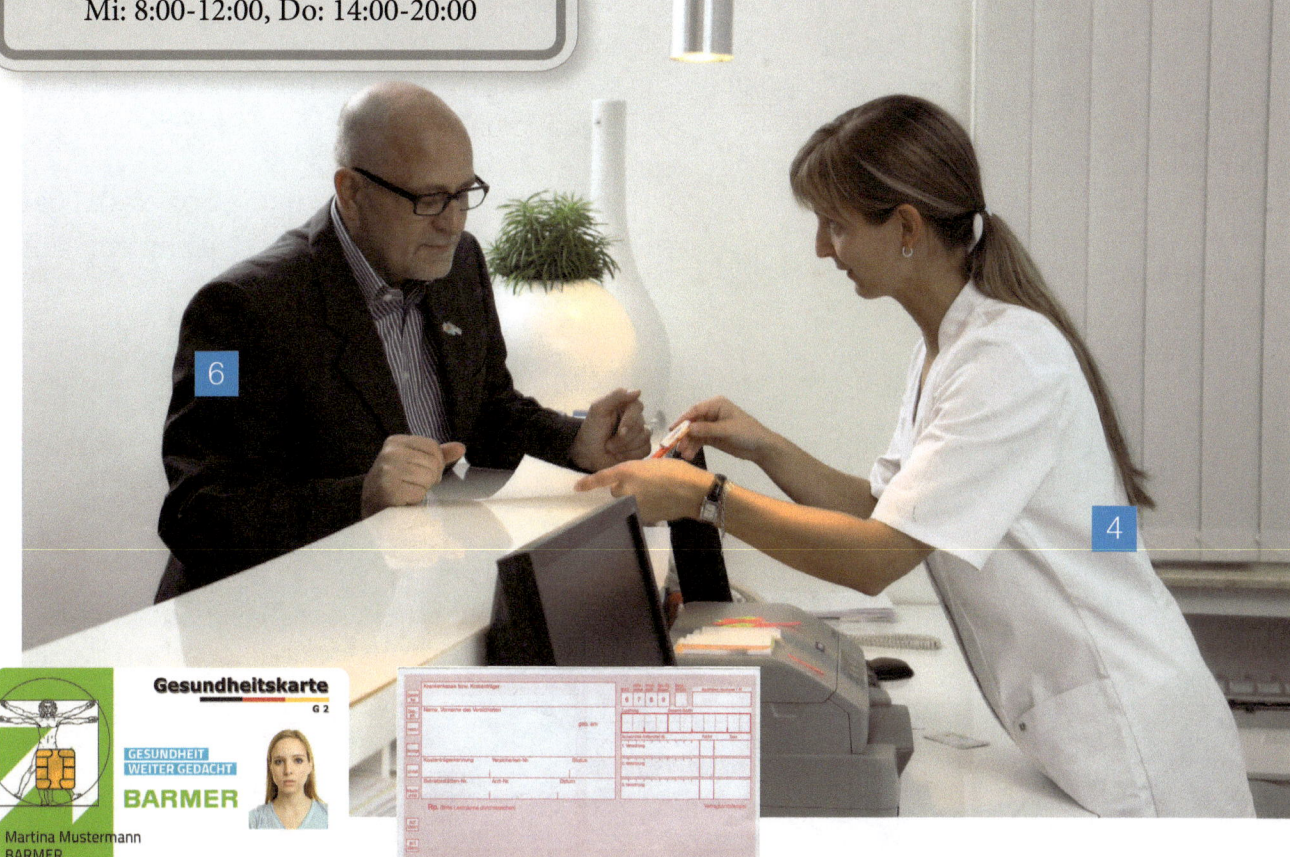

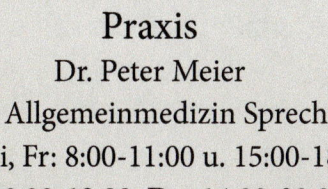

1	das Praxisschild
2	die Gesundheitskarte (= Versicherungskarte)
3	das Rezept
4	die Sprechstundenhilfe
5	das Wartezimmer
6	der Patient
7	die Zeitschrift
8	die Spielecke
9	der Stuhl

3.1. Einen Termin machen

Guten Tag. Mein Name ist Said. Ich bin krank. Kann ich heute kommen?

Heute 17:30, das ist gut. Vielen Dank!

der Patient

Praxis Doktor Meier, Müller am Apparat. Was kann ich für Sie tun?

Wir sind heute schon sehr voll. Aber Sie können um 17:30 Uhr kommen.

Bis dann, Herr Said. Vergessen Sie Ihre Gesundheitskarte nicht!

die Sprechstundenhilfe

3.2. Was sagt der Arzt?

So, Herr Said. Was fehlt Ihnen denn?

Haben Sie Fieber? Haben Sie Schmerzen?

Haben Sie eine Gesundheitskarte oder einen Behandlungsschein dabei?

Sie müssen zu einem Hals-Nasen-Ohren-Arzt gehen. Ich schreibe eine Überweisung.

3.3. Wieder an der Rezeption

Hier ist die Information für Ihren nächsten Termin. Und hier ist das Rezept. Das Medikament ist rezeptpflichtig.

Praxis Dr. Meier

Ihr nächster Termin

Mo Di Mi Do Fr

05.04.

Datum

14:45 Uhr

Uhrzeit

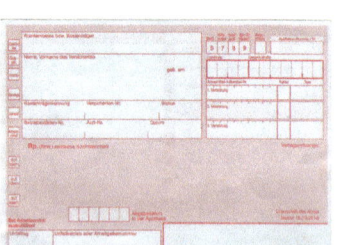

rezeptpflichtig

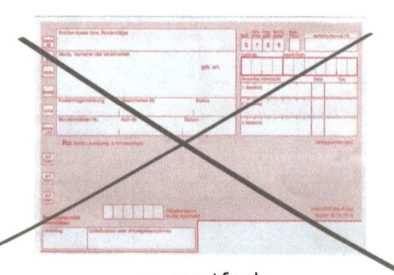

rezeptfrei

Ü 3.1. Ordnen Sie zu.

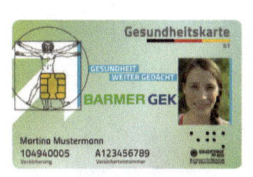

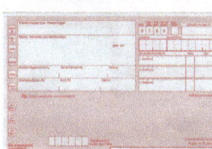

die Sprechstundenhilfe

das Praxisschild

die Versicherungskarte

der Patient

das Rezept

Praxis
Dr. Peter Meier
Arzt für Allgemeinmedizin Sprechzeiten:
Mo, Di, Fr: 8:00-11:00 u. 15:00-18:00
Mi: 8:00-12:00, Do: 14:00-20:00

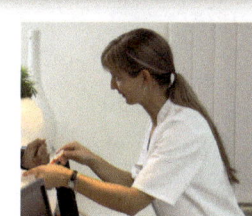

Ü 3.2. Wer sagt das? Arzt oder Patient? Ordnen Sie zu.

Guten Abend,
Doktor Meier.

Haben Sie Fieber?

Was fehlt Ihnen?

Ich habe Halsschmerzen
und Husten.

Ich habe Kopfschmerzen.

Ich habe 38 Grad Fieber.

Guten Abend, Herr Said.

Ich schreibe ein Rezept für
Medikamente.

Sie haben eine Grippe.

der Arzt

der Patient

4. Medikamente

1	die Tablette
2	der Sirup, der Saft
3	die Salbe, das Gel
4	die Creme
5	das Zäpfchen
6	die Augentropfen
7	das Nasenspray
8	die Ampulle und die Spritze
9	das Pflaster
10	der Verband

die Apotheke

4.1. Medikamente einnehmen

einmal pro Tag (1/24):

1 – 0 – 0 nur morgens
0 – 1 – 0 nur mittags
0 – 0 – 1 nur abends

vor den Mahlzeiten

zweimal pro Tag (2/24):

1 – 1 – 0 morgens und mittags
1 – 0 – 1 morgens und abends
0 – 1 – 1 mittags und abends

zwischen den Mahlzeiten

dreimal pro Tag (3/24)

1 – 1 – 1 morgens,
mittags und abends

viermal pro Tag (4/24)

alle 6 Stunden

nach den Mahlzeiten

4.2. Schutz und Verhütung

Schutz vor ungewollter Schwangerschaft:

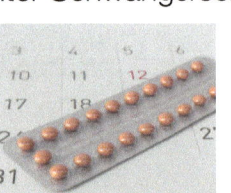

Kondome oder Pille

Schutz vor Geschlechtskrankheiten und HIV/AIDS:

Kondome

Ü 4.1. Was ist das? Ergänzen Sie das Kreuzworträtsel.

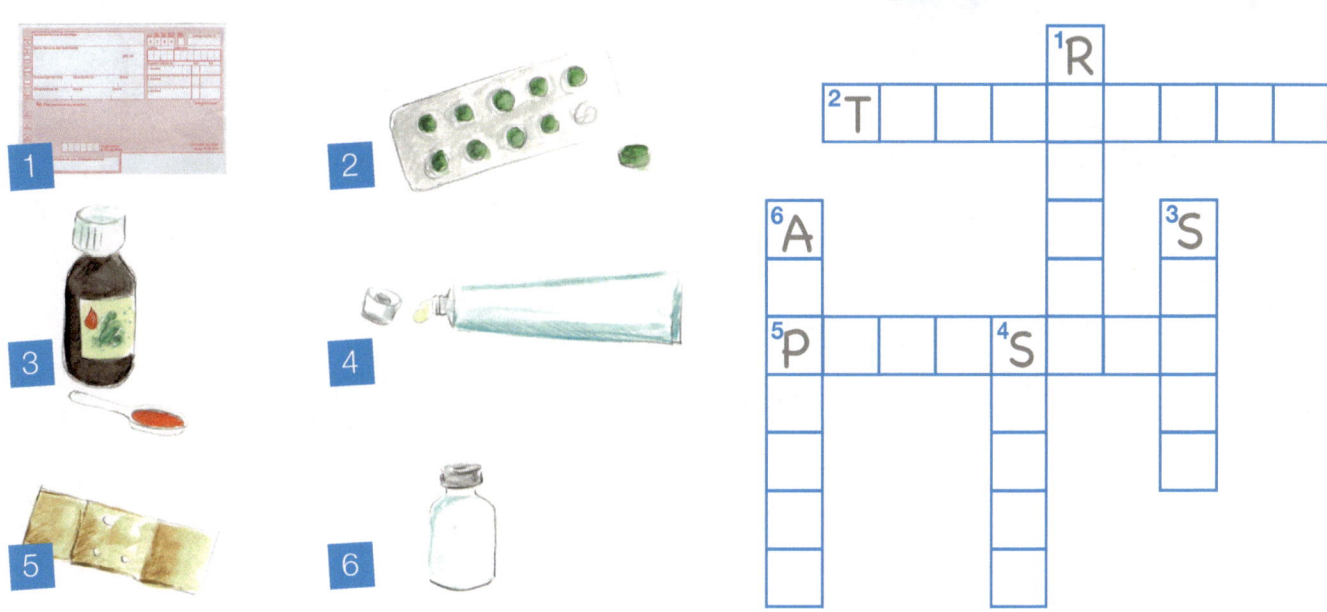

Ü 4.2. Wann soll ich das Medikament nehmen? Verbinden Sie.

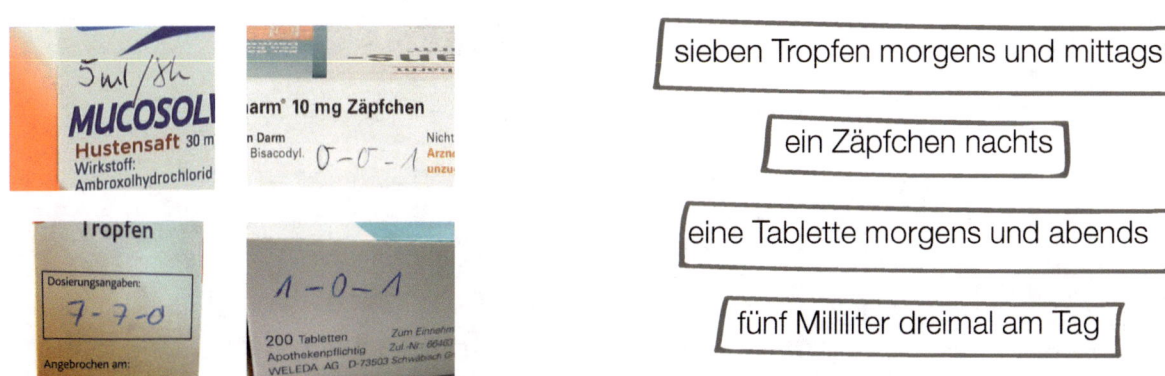

sieben Tropfen morgens und mittags

ein Zäpfchen nachts

eine Tablette morgens und abends

fünf Milliliter dreimal am Tag

Ü 4.3. In der Apotheke. Welche Antwort passt? Ordnen Sie zu.

Haben Sie etwas gegen Rückenschmerzen?

3 mal pro Tag.

Wann muss ich die Tabletten einnehmen?

Ja, zum Beispiel Aspirin und Thomapyrin.

Wie oft muss ich die Tropfen einnehmen?

Ja, wir haben eine wärmende Salbe.

Ich habe starke Kopfschmerzen.
Haben Sie Kopfschmerztabletten?

Nein, das müssen wir bestellen.
Sie können es morgen abholen.

Ich habe ein Rezept. Haben Sie das Medikament?

Abends nach dem Essen.

Ü 4.4. Wo gibt es die nächste Apotheke?
Welche Apotheke in Ihrer Nähe hat am Sonntag geöffnet?

Zum Kapitel

Thematische Schwerpunkte

Behördengänge, Hilfsorganisationen, Hobbys, Baderegeln, Zusammenleben in Deutschland

Hintergrundinformationen

Im alltäglichen Leben der Asylsuchenden stehen etliche Behördengänge an (Ausländerbehörde, Arbeitsamt, Bürgeramt). Die umfangreichen Hilfs- und Beratungsangebote von sozialen Organisationen (Caritas, ProFamilia, das Rote Kreuz) sind kostenfrei und sollten bei Bedarf in Anspruch genommen werden.

Aber auch Hobbys und Sport spielen eine wichtige Rolle im Leben der Menschen, darunter das Thema Schwimmbadbesuch. In vielen Herkunftsländern der Asylsuchenden ist die Möglichkeit, ein öffentliches Schwimmbad zu besuchen, nicht gegeben. Für viele Flüchtlinge stellt das Baden generell und besonders in freien Gewässern, für welche keine Badeaufsicht besteht, eine große Gefahr dar.

Zentrale Handlungen in diesem Bereich:
- Behörden und Handlungen bei Behördengängen kennen
- Angebote sozialer Organisationen kennen und ggf. nutzen
- über Hobbys und Sportarten sprechen
- Baderegeln kennen und einhalten
- in einer multikulturellen Gesellschaft zusammenleben

Vermittlungshinweise

In diesem Kapitel sollte neben der Weitergabe von Informationen zu Behörden und Angeboten insbesondere auf kulturelle Besonderheiten aufmerksam gemacht werden, z.B. Wartemarke ziehen, oder auf die Möglichkeit, öffentliche Spielplätze ohne Entgelt zu nutzen. In der Einheit „Hobbys und Freizeit" bietet es sich an, die Verben zum Thema in konjugierter Form einzuüben, ebenso wie die Satzfrage („Spielst du gerne Fußball?", „Machst du Musik?"). In Bezug auf das Thema Schwimmen können Sie ggf. auf lokale Angebote wie Schwimmkurse und muslimisches Frauenschwimmen aufmerksam machen.

Im Unterkapitel „Zusammenleben in Deutschland" sollten Sie die Herkunftsländer, Nationalitäten und Sprachen Ihrer Lerner ergänzen. Es bietet sich an, kulturell geprägte Verhaltensweisen wie das Siezen und Duzen mit den Bräuchen und Gewohnheiten in den Herkunftsländern zu vergleichen. Um Klischeebildung über Deutschland entgegenzuwirken, gibt es zahlreiche Videos (siehe Link unten).

Linktipps

- Migrationsberatungsstellen in Deutschland: www.bamf.de/SiteGlobals/Functions/WebGIS/DE/WebGIS_Migrationserstberatung.html
- Schuldnerberatung der Caritas (kostenfrei, per Mail oder vor Ort): www.caritas.de/hilfeundberatung/onlineberatung/schuldnerberatung/schuldnerberatung
- Buch über allgemeine kulturelle Unterschiede bzw. Verhaltensregeln in Deutschland von der Konrad-Adenauer-Stiftung (auch als kostenfreie App in Deutsch und Arabisch): www.kas.de/wf/de/33.43117/
- Webseite zu den ersten Schritten in Deutschland mit Informationen zu vielen Themen, u.a. Alltag, Liebe und Sexualität (auch in anderen Sprachen wie Arabisch, Dari, Urdu, Paschtu und Englisch): www.dw.com/de/themen/erste-schritte-in-deutschland/s-32443
- Informationen zu „Schwimmkurse für Flüchtlinge": www.dw.com/de/schwimmbadknigge-für-flüchtlinge/a-19135055
- 20 Videos über gängige Klischees über Deutschland, vom Goethe Institut (für Lerner ab A2): www.goethe.de/deutschlandlabor
- mehr als 200 Videos zu gängigen Klischees über Deutschland (für Fortgeschrittene), Podcasts der Deutschen Welle: www.podcast.de/podcast/9379/

1. Bei der Behörde

Öffnungszeiten

Mo-Fr	8:00-12:00
Mo u. Di	14:00-16:00
Do	14:00-19:00

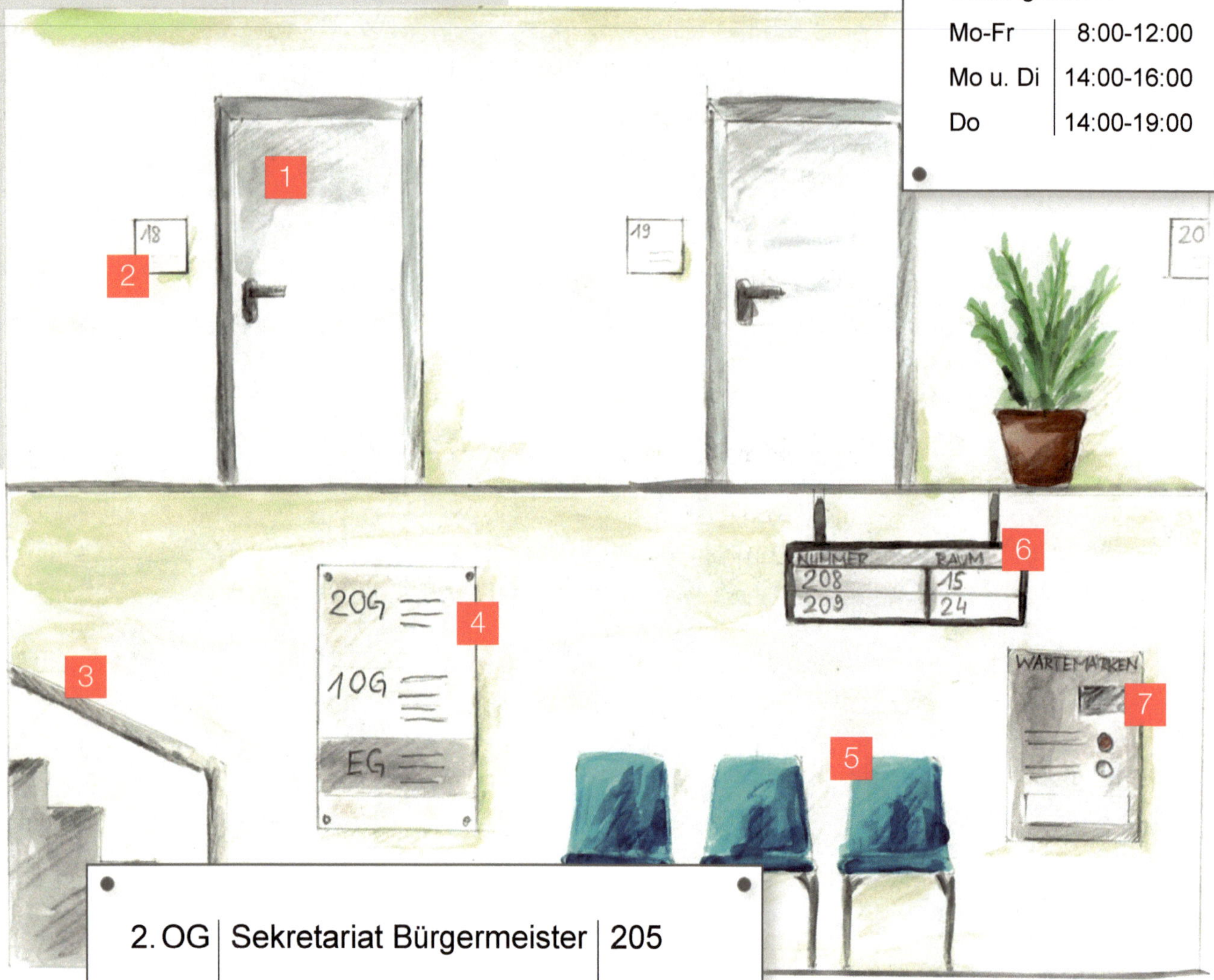

2. OG	Sekretariat Bürgermeister	205	
	Sozialamt	209	
	Steueramt	211	
1. OG	Standesamt	101	
	Verkehrsamt	121	
	Sitzungssaal	125	
EG	Einwohnermeldeamt	003	→
	Fundbüro	005	→
	Poststelle	010	←

1	die Tür
2	die Zimmernummer
3	die Treppe
4	das Infoschild
5	der Stuhl
6	die Anzeigentafel
7	der Wartemarkenautomat

1.1. Welche Behörde?

die Ausländerbehörde

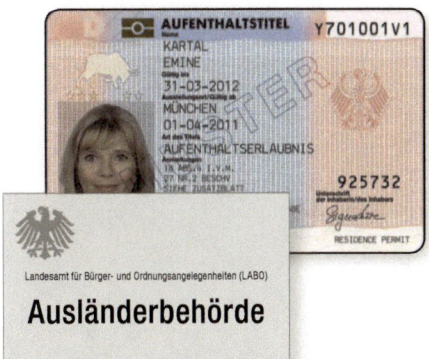

die Meldebehörde
das Bürgerbüro

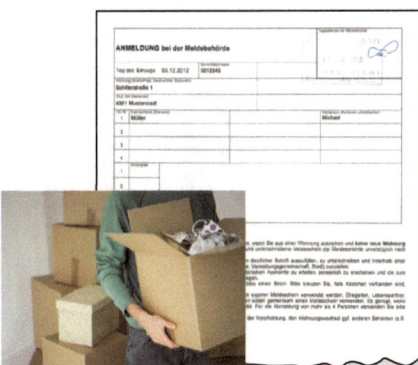

das Standesamt

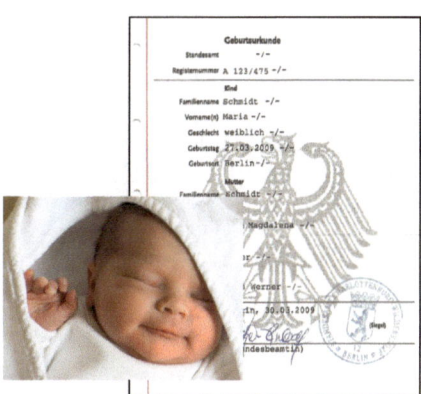

Was kann man dort zum Beispiel machen?

- eine Aufenthaltserlaubnis beantragen
- den Aufenthalt verlängern
- Informationen zum Asyl bekommen

- eine neue Wohnung anmelden

- eine Geburtsurkunde bekommen
- heiraten

1.2. Im Wartebereich

1. der Wartemarkenautomat

eine Wartemarke ziehen

2. die Anzeigetafel

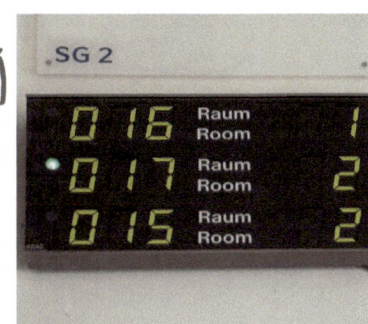

Die Nummer erscheint auf der Anzeigetafel.

BAMF (= Bundesamt für Migration und Flüchtlinge): bearbeitet Anträge auf Asyl
Asylbewerber: stellen einen Antrag auf Asyl beim BAMF (Außenstelle, Ankunftszentrum)

3. das Büro

ins Büro gehen

Ü 1.1. Wie heißt das? Verbinden Sie die Wortteile.

Warte-	Sach-	Ausländer-	Pass-	Geburts-	Bürger-	Anzeige-

behörde	büro	urkunde	bereich	tafel	bearbeiter	foto

Ü 1.2. Wer muss wo hin? Verbinden Sie.

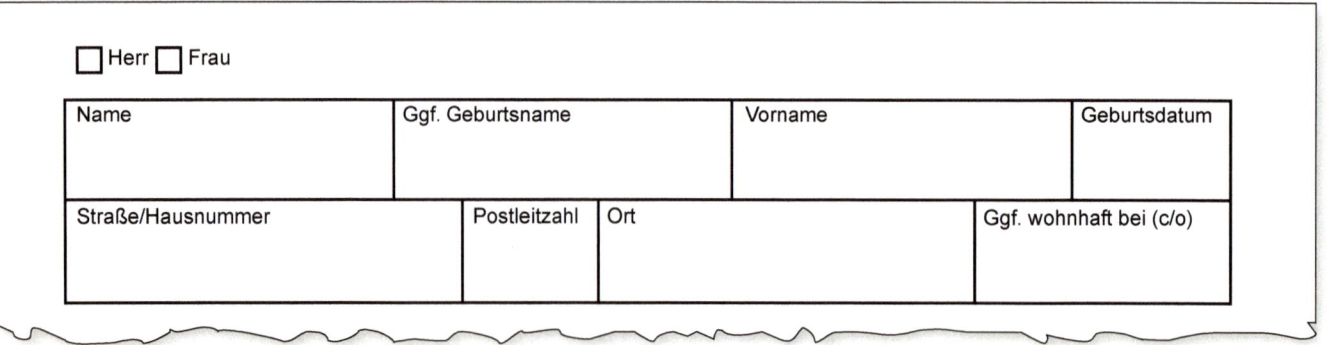

Ich brauche eine Steuernummer.

Ich möchte meinen Aufenthalt verlängern.

Ich möchte meinen Wohnsitz anmelden.

Meldebehörde

Standesamt

Finanzamt

BAMF, Ankunftszentrum

Polizei

Ausländerbehörde

Ich möchte einen Antrag auf Asyl stellen.

Ich brauche eine Geburtsurkunde für mein Baby.

Ü 1.3. Ein Formular ausfüllen. Was schreiben Sie?

☐ Herr ☐ Frau

Name	Ggf. Geburtsname	Vorname	Geburtsdatum

Straße/Hausnummer	Postleitzahl	Ort	Ggf. wohnhaft bei (c/o)

Ü 1.4. Welche Behörden gibt es in Ihrer Nähe (z.B. im Rathaus, im Landratsamt)? Suchen Sie die Adressen.

2. Soziale Angebote

die Familienberatung

die Trauerbegleitung

das Mutter-Kind-Café

der Chor

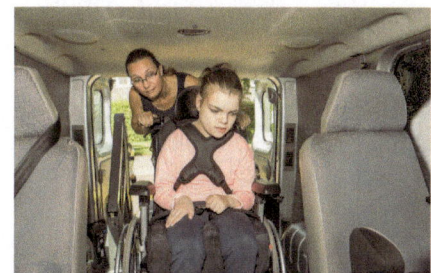

der Fahrdienst

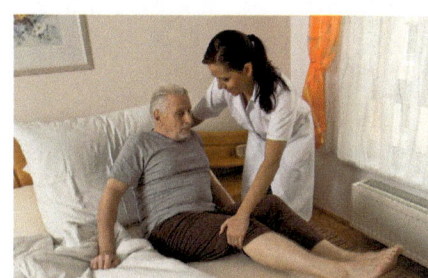

die Betreuung/die Pflege

die Tafel

die Migrationsberatung

der Sprachkurs

der Fußballverein

die Fahrradwerkstatt

die Rechtsberatung

die Schuldenberatung

der Jugendtreff

die psychologische Beratung

2.1. Hilfsorganisationen: Wer macht was?

Rettungsdienste mit sozialen Einrichtungen
- Beratung
- Pflege/Betreuung
- Fahrdienst
- Trauerbegleitung

Hilfe bei sozialen Problemen (auch online)
- Krankheiten
- Sucht
- Schwangerschaft
- Schulden
- Pflege/Betreuung/Beratung

kostenloses Essen für Menschen in Not

Beratung bei Problemen in der Familie
- Verhütung und Schwangerschaft
- Trennung
- Erziehung

2.2. Eine Beratungsstelle in der Nähe finden.

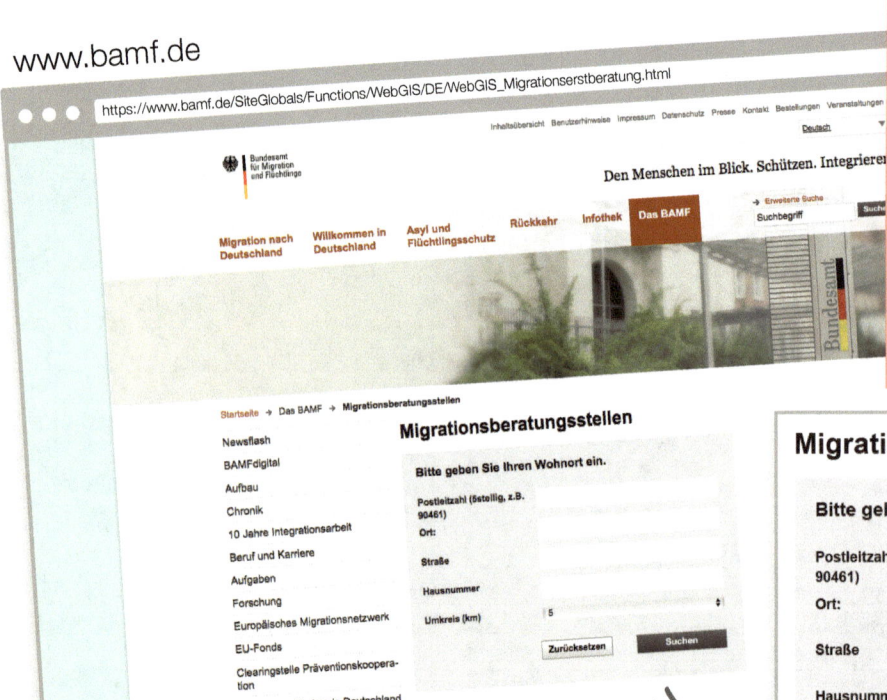

www.bamf.de

Migrationsberatung hilft bei Fragen zu:

- Deutschkursen
- Schule und Beruf
- Wohnen
- Gesundheit
- Familie, Ehe, Erziehung

Ü 2.1. Was sagen die Personen? Verbinden Sie.

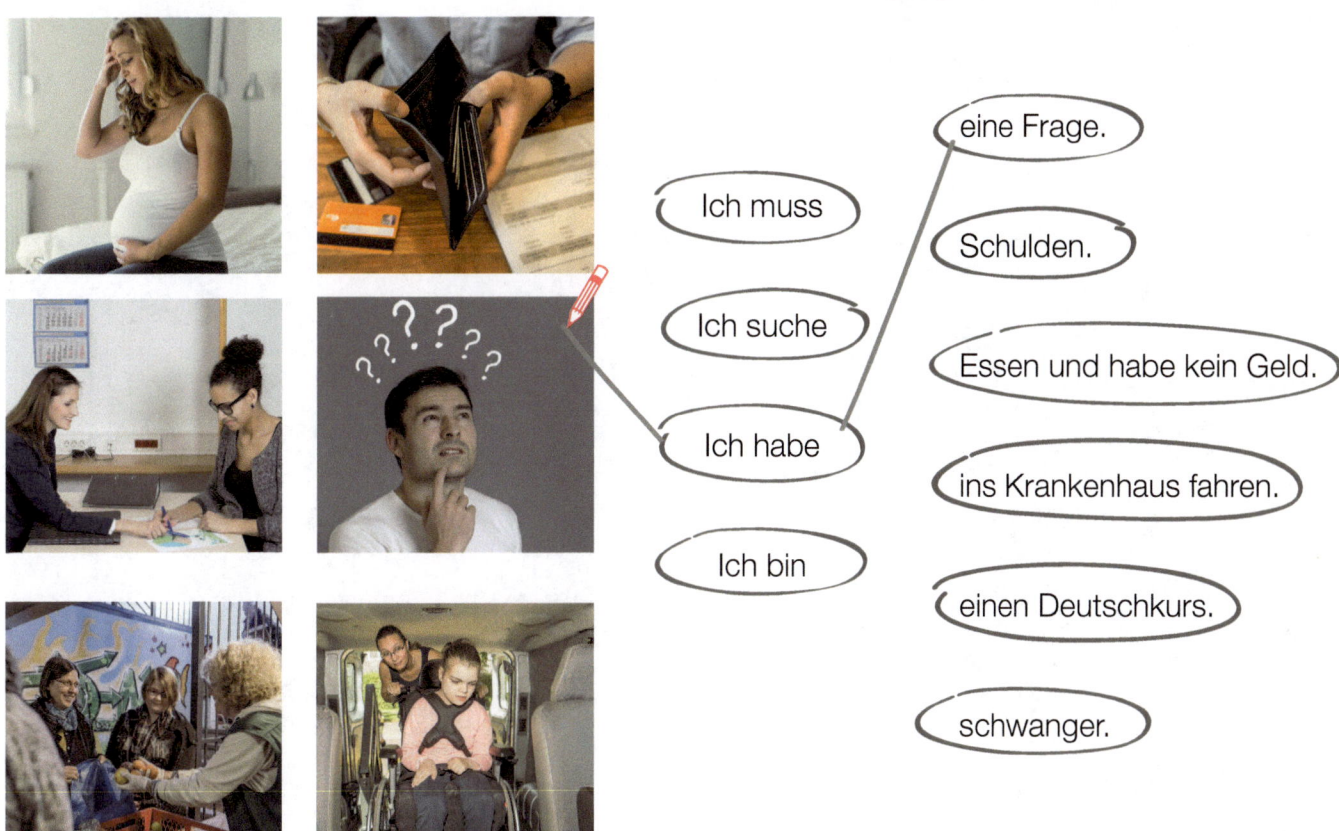

Ich muss
Ich suche
Ich habe
Ich bin

eine Frage.
Schulden.
Essen und habe kein Geld.
ins Krankenhaus fahren.
einen Deutschkurs.
schwanger.

Ü 2.2. Migrationsberatungsstellen in Regensburg. Was steht wo? Tragen Sie den richtigen Buchstaben in die Tabelle ein.

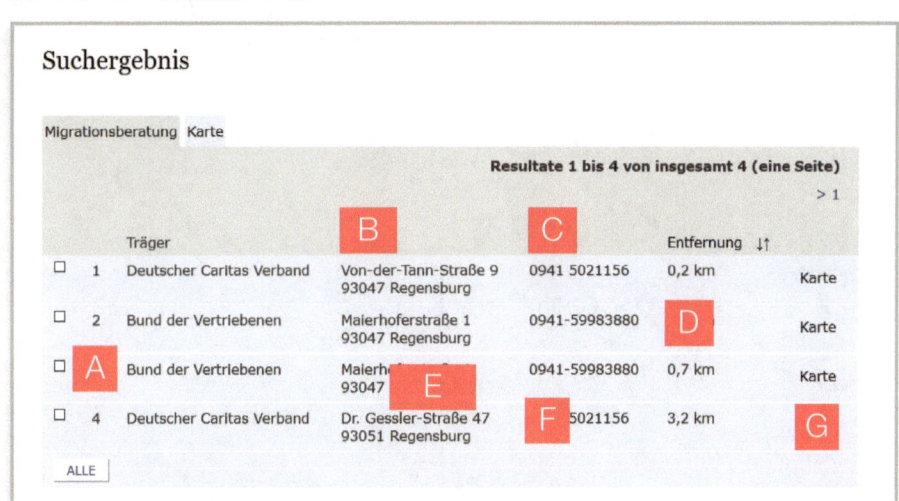

0941	0,7 km	Adresse	3	Karte	Regensburg	Telefon
F						

Ü 2.3. Wo ist eine Beratungsstelle in Ihrer Nähe? Fragen Sie nach oder suchen Sie im Internet: www.bamf.de

3. Freizeit und Hobbys

1	der Park	7	der Ball
2	der Spielplatz	8	der Baum
3	das Klettergerüst	9	das Picknick
4	der Sandkasten	10	die Wiese
5	der Bach		
6	der Kinderwagen		

3.1. Was machen wir heute?

Fußball spielen

Badminton spielen

Basketball spielen

joggen

schwimmen

Gitarre spielen

nähen

kochen

stricken

fernsehen

3.2. Im Schwimmbad

Gehen Sie nur in das Wasser, wenn Sie schwimmen können! Ertrinkungsgefahr!

Manchmal gibt es…
… ein (muslimisches) Frauenschwimmen: Zu dieser Zeit sind nur Frauen im Schwimmbad.
… FKK-Zonen: Hier sind die Menschen nackt (= ohne Kleidung).

Ü 3.1. Was sagen die Personen? Verbinden Sie.

Ich spiele zweimal in der Woche Basketball.

Mittwochs gehe ich immer joggen.

Abends koche ich für meine Familie.

Jeden Tag gehe ich mit meinem Hund im Park spazieren.

Ich stricke gerne.

Ü 3.2. Erlaubt oder verboten? Kreisen Sie ein. ✓ ✗

Ich springe im Schwimmbad vom Beckenrand. ✓ ✗

Ich gehe mit Straßenkleidung ins Wasser. ✓ ✗

Ich dusche vor dem Schwimmen. ✓ ✗

Ich kann nicht schwimmen. Ich gehe ins tiefe Wasser. ✓ ✗

Ü 3.3. Im Schwimmbad. Ordnen Sie die Bilder zu.

Nicht schubsen!

Vor dem Baden duschen!

Nichtschwimmer aufpassen!

Ü 3.4. Wo in der Nähe können Sie zum Schwimmen gehen? Markieren Sie Schwimmbäder und Badeseen in einem Stadtplan. Gibt es Angebote zum Frauenschwimmen?

4. Zusammenleben in Deutschland

Gesellschaft

Deutschland
♂ Deutscher
♀ Deutsche
🗨 Deutsch

Somalia
♂ Somalier
♀ Somalierin
🗨 Somali, Arabisch

die USA
♂ US-Amerikaner
♀ US-Amerikanerin
🗨 Englisch

China
♂ Chinese
♀ Chinesin
🗨 Chinesisch

Syrien
♂ Syrer
♀ Syrerin
🗨 Arabisch

der Iran
♂ Iraner
♀ Iranerin
🗨 Persisch

Afghanistan
♂ Afghane
♀ Afghanin
🗨 Paschtu, Dari

Frankreich
♂ Franzose
♀ Französin
🗨 Französisch

Pakistan
♂ Pakistaner
♀ Pakistanerin
🗨 Urdu

die Türkei
♂ Türke
♀ Türkin
🗨 Türkisch

Eritrea
♂ Eritreer
♀ Eritreerin
🗨 Tigrinya

Nigeria
♂ Nigerianer
♀ Nigerianerin
🗨 Englisch

4.1. „Sie" und „du"

Woher kommst du?

Ich komme aus der Türkei. Ich bin Türkin.

Sie:
* Fremde
  (= zum 1. Mal sehen)
* alte Menschen
* Chef, Chefin (Arbeit)

Du:
* Freunde
* Familie
* Kinder

Welche Sprachen sprichst du?

Ich spreche Türkisch, Englisch und Deutsch.

Wo wohnen Sie?

Ich möchte Sie gerne zu mir einladen. Am Samstag um 3 zu Kaffee und Kuchen.

Danke für die Einladung. Was kann ich mitbringen?

Ich wohne in der Schulstraße 34.

4.2. Beim Kaffeetrinken

Möchten Sie ein Stück Kuchen?

Ja, gerne. Der Kuchen sieht lecker aus.

Möchten Sie Sahne dazu?

Nein, danke.

Ü 4.1. Welche Sprache spricht man in welchem Land? Verbinden Sie. Kennen Sie noch weitere Sprachen in diesen Ländern?

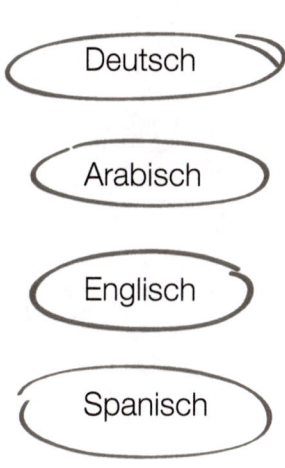

(Deutsch)

(Arabisch)

(Englisch)

(Spanisch)

(Paschtu)

- Irak
- Afghanistan
- Schweiz
- Australien
- Österreich
- Iran
- Syrien
- Deutschland
- Spanien
- England
- Nigeria
- Pakistan
- USA
- Peru
- Mexiko

Ü 4.2. Du oder Sie? Kreuzen Sie an.

Du Sie ☒   Du Sie   Du Sie

Du Sie   Du Sie   Du Sie

Ü 4.3. Was kann man in Deutschland zu einer Einladung mitbringen? Kreuzen Sie an.

☐ ☐ ☐ ☐ ☐ ☐ ☐

Ü 4.4. Welche Sprachen (Muttersprachen und Fremdsprachen) werden in Ihrem Kurs gesprochen? Machen Sie eine Umfrage.

Zum Kapitel

Thematische Schwerpunkte
Print- und audiovisuelle Medien, Kommunikation und Telefonieren, Computer und Internet(nutzung), Deutsch lernen online

Hintergrundinformationen
Der Umgang mit deutschsprachigen Medien fördert das Lernen der deutschen Sprache und die Integration, weshalb auf geeignete Programme hingewiesen werden sollte. In Bezug auf den Umgang mit Computer und Tools bringen die Flüchtlinge unterschiedliche Vorkenntnisse mit, eine Basis-Medienkompetenz ist für schulischen und beruflichen Erfolg in Deutschland unabdingbar.

Grundsätzlich sind Asylbewerber vom Rundfunkbeitrag befreit. Trotzdem kommt es aber manchmal zu Zahlungsaufforderungen des „ARD ZDF Deutschlandradio Beitragsservice" (früher: GEZ), die sich an die Bewohner von Unterkünften richten. Um einen Handyvertrag abzuschließen, ist meist ein deutsches Bankkonto und ein fester Wohnsitz nötig. Vor unseriösen Vertragsanbietern und „Re-Sellern" (z.B. in den Unterkünften oder an Bahnhöfen) sollte gewarnt werden. Mit WLAN sind bisher noch wenige Erstaufnahmeeinrichtungen und Gemeinschaftsunterkünfte ausgestattet. Einige Vereine und NROs wie Refugees Online oder Freifunk engagieren sich für die Installation von Internet für Flüchtlinge. Hot Spots mit WLAN gibt es außerdem an unterschiedlichen öffentlichen Orten (z.B. Flughäfen, Bahnhöfen, Messen, Plätzen, Bibliotheken, Universitäten etc.) und privat-gewerblichen Einrichtungen (z.B. Hotels, Cafés, Restaurants…). Apps wie WifiFinder oder Free-Hotspot helfen, den nächsten Hotspot zu finden. Einige Flüchtlinge sind in Schuldnerfallen geraten, weil sie Download- und Filesharing-Programme auf illegale Weise genutzt haben. Auf das strenge deutsche Urheberrecht mit entsprechenden Konsequenzen sollten Ersthelfer hinweisen.

Online-Lernen ermöglicht individuelles Lernen, unabhängig von festen Kurszeiten und -gruppen. Vor allem als Ergänzung und Vertiefung zu bestehenden Präsenzkursen bieten sich verschiedene Lernprogramme und Apps an. Der Verein Asylplus e.V. unterstützt Sie bei der Ausstattung der Unterkünfte mit Computern und Internet.

Zentrale Handlungen in diesem Themenbereich sind:
- Informations- und Unterhaltungsmedien nutzen
- telefonieren
- im Internet navigieren
- digitale Medien zum Deutschlernen nutzen

Vermittlungshinweise
Im Zusammenhang mit dem Wortschatz zu Medien und der Übung 1 bietet es sich für Lerner mit Vorbildung an, Komposita mit den verschiedenen Wortbildungsprinzipien einzuführen bzw. zu wiederholen. Z.B.: Steckdose: Verb + Nomen, Fernbedienung: Adjektiv + Nomen, Rundfunkgebühr: Nomen + Nomen. Beim Thema „Deutschlernen Online" können Sie einen Austausch zu den bekannten Apps anregen und gemeinsam einige ausprobieren.

Linktipps

- Informationen zum Rundfunkbeitrag und Antrag auf Beitragsbefreiung: www.rundfunkbeitrag.de
- Informationen von Stiftung Warentest zu „Günstige Handytarife für Flüchtlinge", mit Merkblättern in Dt., Engl., Arab.: www.test.de/Handytarife-fuer-Fluechtlinge-So-telefonieren-Sie-guenstig-in-die-Heimat-4935914-0/
- Suchmaschine für kostenfreie Hotspots in deutschsprachigen Ländern: www.freie-hotspots.de/search.php
- Informationen der Verbraucherzentrale zu Smartphone, Apps, Internet und Datenschutz (Hinweise in Arabisch, Farsi, Englisch, Türkisch, Russisch und Polnisch): www.verbraucherzentrale.de/mehrsprachige-infos-fuer-fluechtlinge
- Nachrichten und andere Sendungen auf Arabisch bzw. mit arab. Untertiteln: www.zdf.de/international/zdfarabic; www.ard.de/home/ard/guide-for-refugees-wegweiser-fuer-fluechtlinge/Information_in_Arabic/2214420/index.html
- Deutsche Welle (Auslandsrundfunk der BRD): Nachrichten auf 30 Sprachen, Live TV auf Dt., Engl., Span., Arab., langsam gesprochene Nachrichten, Deutschlernprogramme etc.: www.dw.com
- Kindersendungen, auch auf Arab., Kurdisch, Dari u.a.: www.wdrmaus.de/extras/maus_international.php5
- Plattform zum Deutschlernen mit Gratis-Programmen sowie Materialien zum Download sowie Tipps zur Ausstattung bzw. Aufrüstung von Computern: www.asylplus.de
- „Lernen-Lehren-Helfen" (Projekt des DaF-Instituts der LMU München zur Fortbildung Ehrenamtlicher im Bereich Online-Unterrichten): www.lernen-lehren-helfen.de

1. Fernsehen, Radio, Zeitung

1	der Fernseher	6	die Zeitschrift	11	das Aufladekabel
2	der Laptop (Computer)	7	die Fernbedienung	12	der Kopfhörer
3	das Radio	8	die Steckdose		
4	das Handy	9	der Stecker		
5	die Zeitung	10	das Kabel		

1.1. Das Fernsehprogramm: Was kommt im Fernsehen?

die Nachrichten

die Serie

der Sender

die Kindersendung

der Spielfilm

die Kochsendung

1.2. Rundfunkgebühren

fernsehen

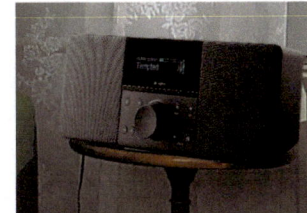

Radio hören

fernsehen und Radio hören im Internet

Rundfunkbeitrag: 17,50 Euro pro Monat
eine Wohnung ⟹ ein Rundfunkbeitrag
Asylbewerber, Empfänger von Sozialhilfe etc. ⟹ kein Rundfunkbeitrag

1.3. Am Zeitungskiosk

Haben Sie eine Zeitung auf Arabisch?

Nein, am Bahnhof gibt es Zeitungen in vielen Sprachen.

Manche Lokalzeitungen sind kostenlos. Hier gibt es Informationen zu Apotheken, Behörden, Flohmärkten und Notrufen.

Ü 1.1. Was passt zusammen?

1 Fern-	2 Zeit-	3 Steck-	4 Not-	5 Lokal-	6 Fern-	7 Rundfunk-
a) schrift	b) seher	c) zeitung	d) gebühr	e) dose	f) ruf	g) bedienung

| 1b) | 2___ | 3___ | 4___ | 5___ | 6___ | 7___ |

Ü 1.2. Verbinden Sie. Was braucht man für …

… den Fernseher?   … den Laptop?   … das Handy?

die Fernbedienung • das Kabel • das Aufladekabel • die Steckdose • der Stecker • der Kopfhörer

Ü 1.3. Was kommt heute im Fernsehen? Lesen Sie das Fernsehprogramm auf S. 93 und kreisen Sie die richtige Antwort ein.

Wann kommt eine Kochsendung?   13:10   15:30   19:05

Was kommt um 19:55 auf SAT.1?   • Spielfilm   • Nachrichten   • Sportsendung

Wann kommt Sport?   • 12:50 Uhr   • 16:50 Uhr   • 20:15 Uhr

Auf welchem Sender kommt ein Drama?   • Das Erste   • ZDF   • RTL   • SAT.1   • PRO 7

Was sehen Sie gerne? _____

Ü 1.4. Wo gibt es in Ihrer Nähe internationale Zeitungen? In welchen Sprachen? Welche kostenlose Lokalzeitung gibt es?

2. Kommunikation

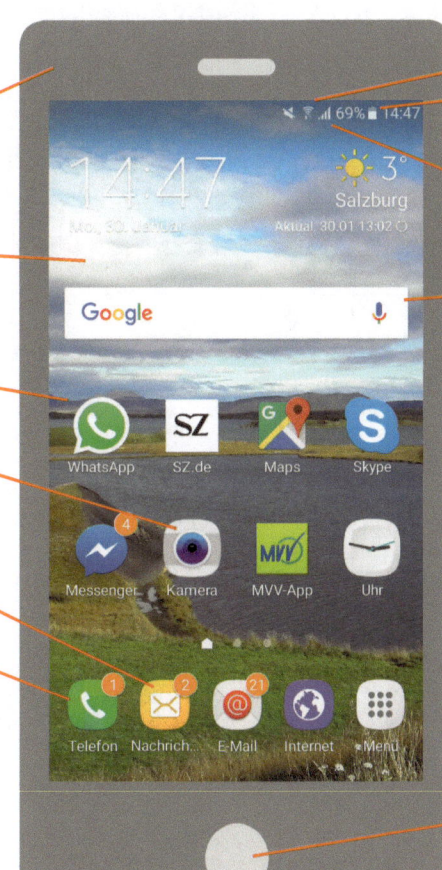

das WLAN
der Akku

das Handy
das Mobiltelefon

der Empfang

der Bildschirm
das Display

die Suchmaschine

die App

die Kamera

die SMS

der Anruf

die Taste

2.1. Handy: Vertrag oder Prepaid?

Prepaid
z.B. 10 € Guthaben

⟹ aufladen, z.B.:
im Drogeriemarkt
im Geschäft
an der Tankstelle
am Kiosk

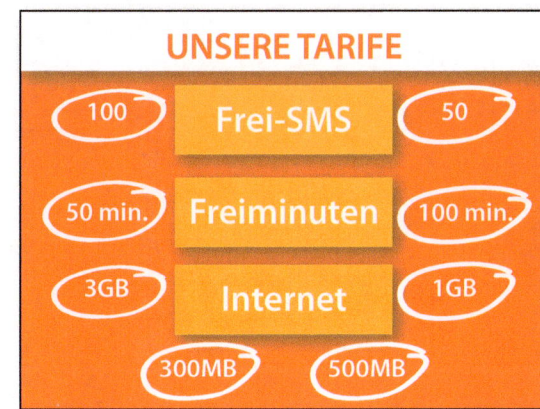

UNSERE TARIFE

100	Frei-SMS	50
50 min.	Freiminuten	100 min.
3GB	Internet	1GB
	300MB 500MB	

Vertrag
z.B. 19,99 € im Monat
mindestens für 18 Monate

⟹ Konto bei deutscher
Bank nötig

2.2. Falsch gewählt

Hallo?

Wer ist da, bitte?

Spreche ich mit der
Ausländerbehörde?

Nein, hier ist
Schmidt.

Wie bitte? Ich verstehe
Sie nicht. Sprechen Sie
bitte langsam.

Hier ist nicht die
Ausländerbehörde.

Entschuldigung.

Kein Problem.
Tschüss.

Ü 2.1. Handy nutzen. Wo ist was? Kreisen Sie ein.

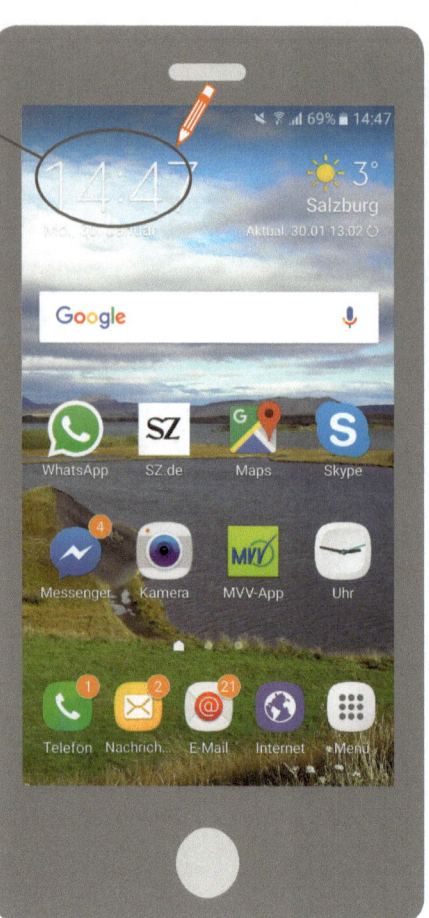

die Uhrzeit

das Datum

der Akkustand

telefonieren

E-Mails lesen und schreiben

SMS senden und empfangen

ein Foto machen

das Wetter

den Weg suchen

online gehen

ein Wort googeln

den Wecker stellen

die Suchmaschine

ein Video filmen

Ü 2.3. Kommunikation. Was sagen Sie? Setzen Sie ein.

bitte • wiederholen • langsam • buchstabieren • heißt

_____ Sie, bitte.

Bitte _____ Sie das.

Wie _____ ?

Wie _____ das?

Bitte sprechen Sie _____ .

Ü 2.4. Fragen Sie im Kurs: Welche Apps benutzen Sie?
Welche sind die drei beliebtesten Apps?

3. Computer und Internet

1	der Computer	7	das Mikrofon
2	der Bildschirm	8	der Lautsprecher
3	die Maus	9	die Webseite
4	die Tastatur	10	der Browser
5	die Taste	11	das Kabel
6	das Headset		

3.1. Hotspots und WLAN

WLAN gibt es an vielen öffentlichen Plätzen, zum Beispiel:

am Flughafen   am Bahnhof   im Café   in der Bibliothek

3.2. Nach WLAN fragen

Inge Meier, Stadtbibliothek Bogenhausen.

Ja, bitte. Was kann ich für Sie tun?

Ja. Sie können hier auch Computer benutzen.

Hallo. Ich habe eine Frage.

Gibt es in Ihrer Bibliothek WLAN?

Sehr gut. Ich komme morgen. Vielen Dank.

3.3. Internet legal und illegal nutzen

Das Urheberrecht schützt Künstler, Sänger, Autoren. In Deutschland ist es sehr streng.

- Streaming (über Youtube, Vimeo, Dailymotion, Myvideo oder Spotify)
- bezahlter Download

 **erlaubt**

- Filesharing
- Download von Filmen
- Download von Büchern
- Download von Musik

 verboten

- Nur sichere Webseiten (https://) besuchen!
- Keine privaten Daten über WLAN senden!
- Keine Filesharing-Programme (z.B. Bit Torrent) nutzen!
- Das eigene Social-Media-Profil (Facebook etc.) nicht öffentlich machen!

Ü 3.1. Was ist das? Ordnen Sie zu.

das Headset   der Bildschirm   das WLAN   die Bibliothek   die Webseite

die Tastatur   die Maus   das Kabel   der Laptop   der Flughafen

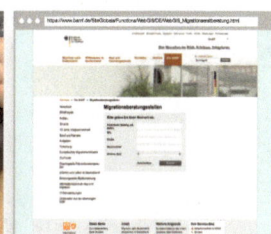

Ü 3. 2. Erlaubt ✓ oder verboten ✗?

Ich will einen Film auf www.zdf.de ansehen.	
Im Kino kommt der neue Film von Stephen King. Du kannst ihn im Internet herunterladen.	
Du kannst auf www.dw.de langsam gesprochene Nachrichten hören.	
Kannst du die neue CD von Shakira hochladen, bitte?	
Ich sehe mir immer Filme auf YouTube an.	

Ü 3.4. Wo in Ihrer Nähe gibt es WLAN oder Hot Spots? Sammeln Sie Adressen.

4. Deutsch lernen online

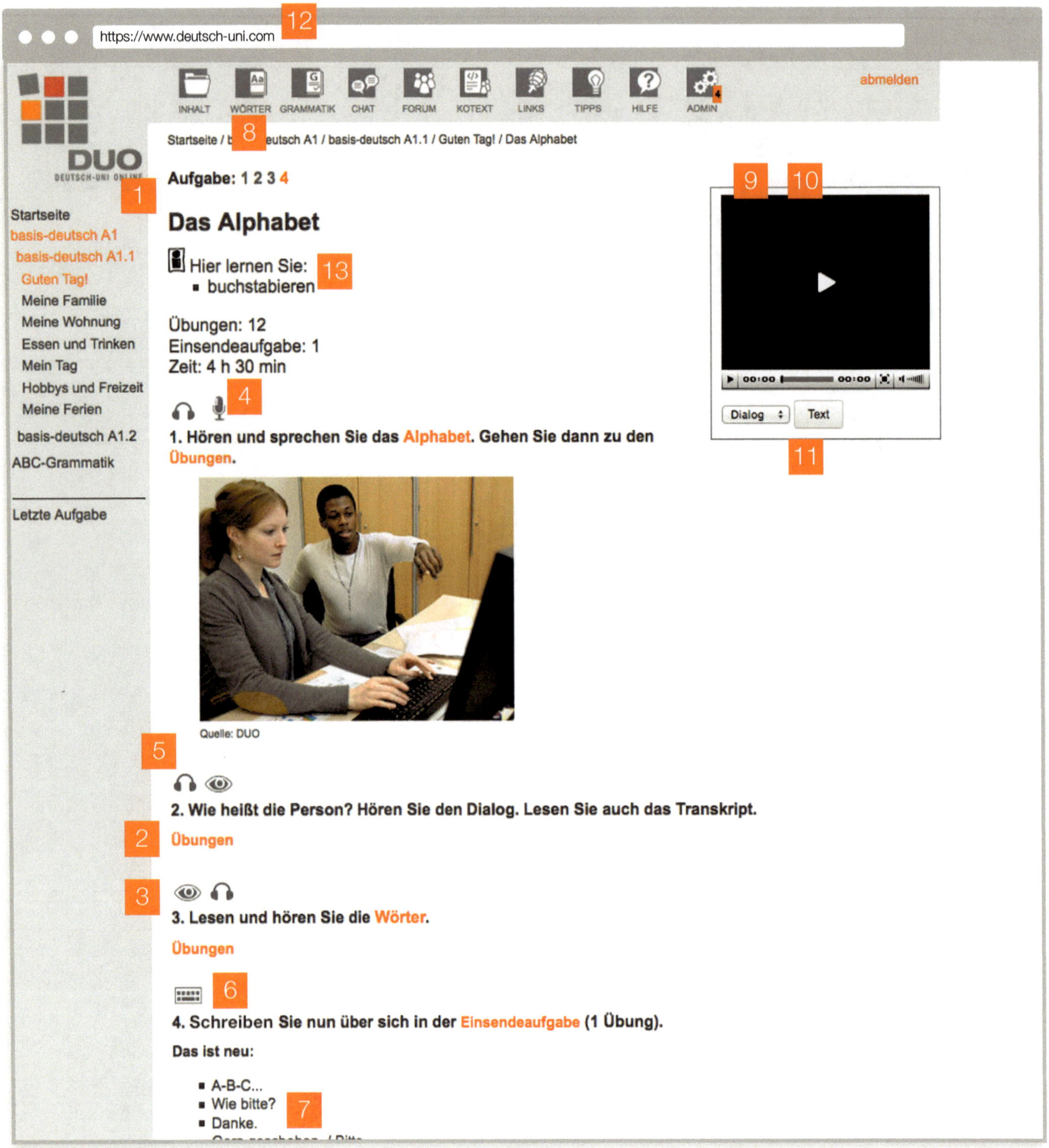

https://www.deutsch-uni.com — 12

INHALT WÖRTER GRAMMATIK CHAT FORUM KOTEXT LINKS TIPPS HILFE ADMIN

abmelden

DUO
DEUTSCH-UNI ONLINE

Startseite / basis-deutsch A1 / basis-deutsch A1.1 / Guten Tag! / Das Alphabet — 8

1

Startseite
basis-deutsch A1
  basis-deutsch A1.1
    Guten Tag!
    Meine Familie
    Meine Wohnung
    Essen und Trinken
    Mein Tag
    Hobbys und Freizeit
    Meine Ferien
  basis-deutsch A1.2
ABC-Grammatik

Letzte Aufgabe

Aufgabe: 1 2 3 4

Das Alphabet

Hier lernen Sie: **13**
- buchstabieren

Übungen: 12
Einsendeaufgabe: 1
Zeit: 4 h 30 min

🎧 🎤 **4**

1. Hören und sprechen Sie das Alphabet. Gehen Sie dann zu den Übungen.

9 | 10

Dialog ▾ | Text
11

Quelle: DUO

5

🎧 👁

2. Wie heißt die Person? Hören Sie den Dialog. Lesen Sie auch das Transkript.

2 Übungen

3 👁 🎧

3. Lesen und hören Sie die Wörter.

Übungen

⌨ **6**

4. Schreiben Sie nun über sich in der Einsendeaufgabe (1 Übung).

Das ist neu:

- A-B-C...
- Wie bitte? **7**
- Danke.
- Gern geschehen / Bitte

---

1 die Aufgabe	**6** schreiben	**10** die Videodatei
2 die Übung	**7** der Wortschatz die Vokabeln	**11** das Transkript der Text
3 lesen	**8** das Wörterbuch	**12** der Link
4 sprechen	**9** die Audiodatei	**13** das Lernziel
5 hören		

4.1. Wie kann ich im Internet lernen?

Lernziel	Was hilft?
Wortschatz erweitern	viel lesen, Vokabel-Apps, Online-Wörterbuch nutzen
bessere Aussprache (Phonetik)	Radio/Musik hören, Videos sehen, Phonetik-Übungen, nachsprechen, mitsingen, sich aufnehmen
Texte besser verstehen	Webseiten/Nachrichten lesen, in Muttersprache zusammenfassen
Sätze korrekt bilden	viel lesen, Grammatik-Apps, Lückentext, schreiben (z.B. Wörter, E-Mails)
andere besser verstehen	Nachrichten hören, Filme sehen, Untertitel/Transkripte lesen

4.2. Texte lesen

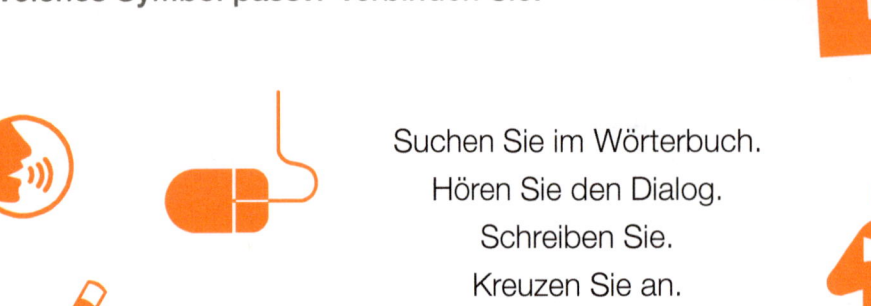
Ü 4.1. Welches Symbol passt? Verbinden Sie.

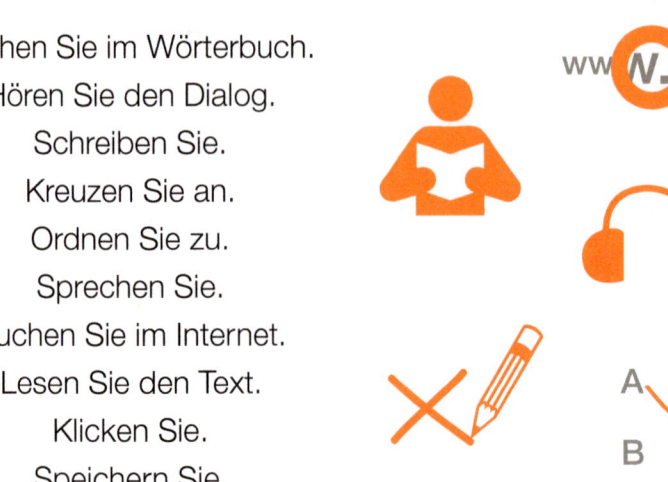

Suchen Sie im Wörterbuch.

Hören Sie den Dialog.

Schreiben Sie.

Kreuzen Sie an.

Ordnen Sie zu.

Sprechen Sie.

Suchen Sie im Internet.

Lesen Sie den Text.

Klicken Sie.

Speichern Sie.

Ü 4.2. Online-Wörterbücher nutzen. Suchen und hören Sie die Wörter. Wie heißt das Wort in Ihrer Sprache? (z.B. auf www.pons.de, www.leo.org oder translate.google.de/).

Beispiel: das Wörterbuch → dictionary → قاموس

a. die Bibliothek → _____

b. die Lehrerin → _____

c. die Übersetzung → _____

d. _____

Ü 4.3. Was finden Sie leicht/nicht so leicht beim Deutschlernen? Markieren Sie.

Wortschatz	1-5 (1= sehr leicht, 5 = sehr schwer).				
Grammatik	1	2	3	4	5
Aussprache	1	2	3	4	5
Sprechen	1	2	3	4	5
Hören	1	2	3	4	5
Lesen	1	2	3	4	5
Schreiben	1	2	3	4	5
Wörterbuch benutzen	1	2	3	4	5

Ü 4.4. Welche Lernprogramme nutzen Sie? Fragen Sie auch andere Deutschlerner.

Medien

Für Ihre Notizen

Für Ihre Notizen

Zum Kapitel

Thematische Schwerpunkte

Kindergarten, Schule, das deutsche Bildungssystem, duale Ausbildung, Studium

Hintergrundinformationen

Junge Flüchtlinge und auch Eltern kommen i.d.R. rasch mit dem regionalen Bildungssystem in Berührung. Das Kapitel soll eine erste Orientierung in Bezug auf die unterschiedlichen Möglichkeiten der Kinder- und Erwachsenenbildung bieten und über Rechte und Pflichten informieren. Generell gilt, dass staatliche Schulen kostenfreie Bildung ermöglichen und auch ein Anspruch darauf besteht. Dazu gehört aber auch das Recht der Eltern, Angebote wie individuelle Sprechstunden oder Beratung durch einen Schulsozialpädagogen in Anspruch zu nehmen. Pflichten wie Pünktlichkeit, Anwesenheitspflicht und die Notwendigkeit einer schriftlichen Entschuldigung bei Abwesenheit (bei Minderjährigen von den Eltern zu unterschreiben) müssen bekannt sein. Eltern müssen außerdem dafür sorgen, dass Hausaufgaben gemacht werden. Sie sollten (ggf. mit Dolmetscher) an den Elternabenden und Sprechtagen teilnehmen.

Da Bildung in Deutschland Ländersache ist, müssen Informationen je nach Bundesland angepasst werden. Die Webseiten der zuständigen Behörden (z.B. Kultusministerium, Senatsverwaltung) helfen dabei. Anlaufstellen für sog. Schullaufbahnberatung und die Anerkennung von ausländischen Abschlüssen sind auch im Internet zu finden (s. Links unten).
Zentrale Handlungen in diesem Bereich:

- Bildungseinrichtungen Deutschlands kennen
- einen Stundenplan lesen
- das deutsche Notensystem verstehen
- Abschlüsse anerkennen und sich beraten lassen

Vermittlungshinweise

Die Einstiegsbilder stellen Handlungssituationen in den wichtigsten Bildungseinrichtungen dar und führen in das deutsche Bildungssystem ein. Der (oft beobachtbaren) Skepsis gegenüber dem Konzept Kindergarten soll Aufgabe 3 im ersten Unterkapitel entgegenwirken, in der Vorteile des Kindergartens gesammelt werden (wenn möglich als Postergestaltung an der Flipchart). Informationen zu Eintrittsalter und Öffnungszeiten von Kinderkrippen und -gärten sind länder- bzw. einrichtungsspezifisch geregelt und sollten bei Interesse der Lerner erläutert werden. Ferner ist darauf hinzuweisen, dass die Kindergartengebühren im Allgemeinen gering sind, je nach Kommune und (öffentlicher oder privater) Einrichtung aber stark variieren können. Beim Thema Schule ist der Fokus auf den Stundenplan sowie die Erläuterung der Fächer zu legen, die sich je nach Schulart und Bundesland leicht unterscheiden. Die in Deutschland streng geregelte Schulpflicht sollte auf jeden Fall thematisiert werden. In Bezug auf Schulabschlüsse und Schulformen sollte den Lernern unter Berücksichtigung ihrer Berufswünsche eine kurze Anleitung gegeben werden, welchen Abschluss sie für eine weiterführende Bildung benötigen.

Das Unterkapitel „Nach der Schule" gibt einen groben Überblick über die vielfältigen Wege zum Beruf, wobei ein spezielles Augenmerk auf die duale Ausbildung zu legen ist. In der Regel ist in Deutschland ohne Schulabschluss weder eine Ausbildung noch ein Studium und somit auch keine zukunftssichere Anstellung möglich. Lerner, die eine abgeschlossene Berufsausbildung mitbringen, können anhand des Anerkennungsfinders herausfinden, ob ihr Abschluss (ganz oder teilweise) anerkannt werden könnte.

Linktipps

- Das BAMF informiert über die Institution Kindergarten:
www.bamf.de/DE/Willkommen/Bildung/FruehkindBildung/KiGaKiTa/kigakita-node.html
- Informationen zum Kindergarten, Schulübertritt und Grundschule in Bayern (in mehreren Sprachen):
www.stmas.bayern.de/kinderbetreuung/service/datenschutz.php
- Informationen zum bilingualen Spracherwerb innerhalb und außerhalb der Schule finden sich beim Staatsinstitut für Frühpädagogik (in mehreren Sprachen): www.ifp.bayern.de/veroeffentlichungen/elternbriefe/index.php
- Informationen und Linktipps rund um das Schulwesen in Deutschland, sortiert nach Bundesländern:
www.bildungsserver.de/Schulwesen-552.html
- Broschüre zu Schule in Deutschland mit Schlüsselbegriffen in Englisch, Arabisch, Farsi/Dari, Paschtu (gratis bestellbar):
www.bpb.de/shop/lernen/hanisauland/222231/schule-in-deutschland-jetzt-versteh-ich-das

1. Im Kindergarten

1	das Kind	**6**	das Spielzeugauto
2	die Erzieherin	**7**	das Buch
3	das Bild	**8**	der Rucksack
4	das Spielzeug	**9**	die Rutsche
5	die Puppe	**10**	das Kuscheltier

1.1. Möglichkeiten der Kinderbetreuung

In den Kindergarten
mitbringen:
- Hausschuhe
- wetterfeste Kleidung
- manchmal: Brotzeit

Es gibt feste Bring-
und Abholzeiten.
Es gibt Elternabende.

Wo ist deine Tochter?

Wie lange?

Sie ist im Kindergarten.

Von 8 Uhr bis 17 Uhr. Dann hole ich sie ab.

der Säugling (0 - 1 Jahre)   das Kleinkind (1 - 3 Jahre)   das Kind (3 - 6 Jahre)

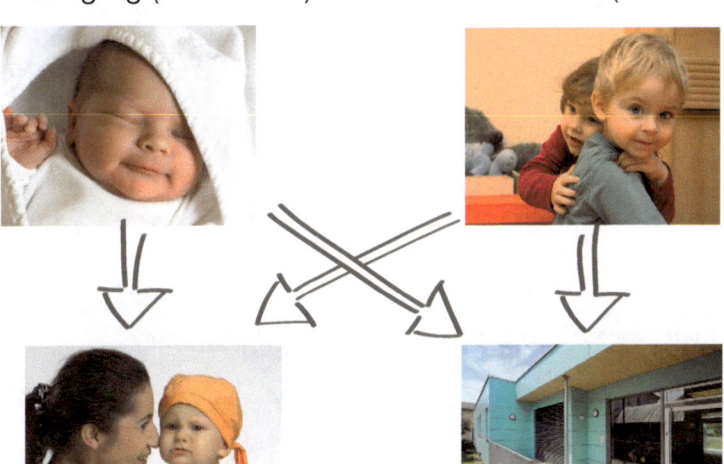

bei den Eltern/zu Hause   in der Krippe   im Kindergarten

1.2. Tätigkeiten im Kindergarten

Lieder singen   Mittagsschlaf machen   Geschenke basteln   Bilder malen   Ball spielen   zusammen essen

Ü 1.1. Was machen die Kinder wo? Verbinden Sie.

Die Kinder singen Lieder.

Die Erzieherin liest Bücher vor.

Die Kinder turnen.

Die Kinder basteln mit Papier und Schere.

Die Kinder spielen Ball.

Die kleinen Kinder machen Mittagsschlaf.

Die Köchin kocht das Mittagessen.

Die großen Kinder üben für die Schule.

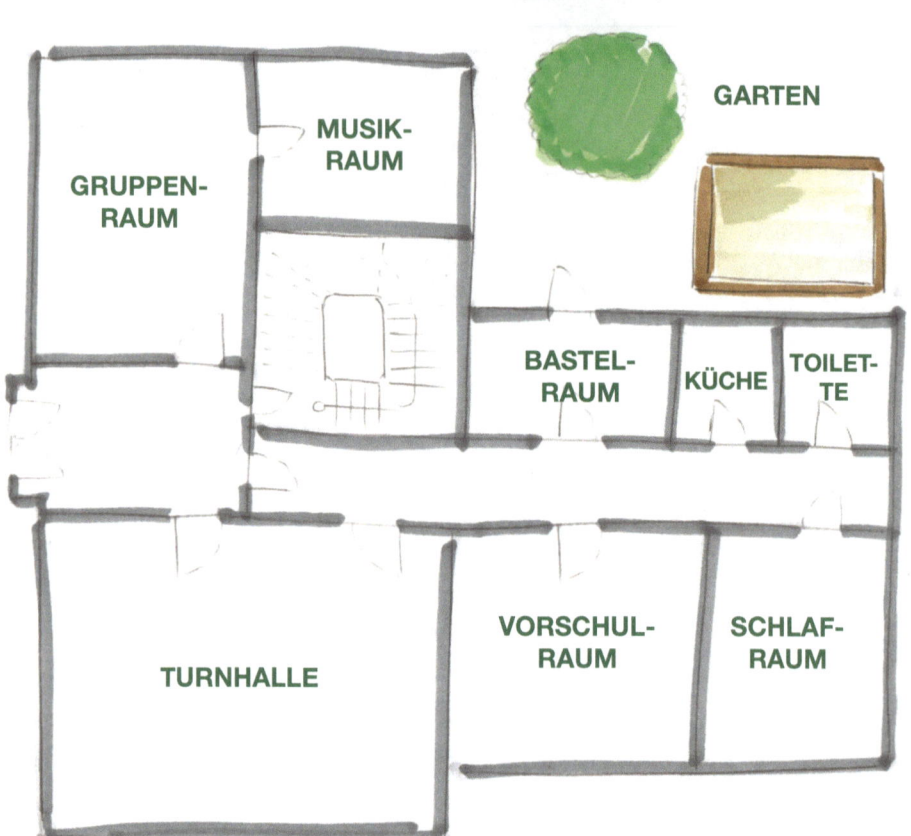

Ü 1.2. Wie ist der Tagesablauf im Kindergarten? Nummerieren Sie.

Ü 1.3. Kindergarten ist gut, aber warum? Machen Sie ein Plakat für Ihre Unterkunft. Welche Sätze schreiben Sie?

Beispiele: Mit Büchern/Liedern/Spielen lernen die Kinder gut Deutsch. • Turnen ist gut für den Körper. • In der Gruppe finden die Kinder Freunde. …

2. In der Schule

1	der Schüler	5	die Schultasche/ der Schulranzen	9	der Stuhl
2	die Schülerin	6	das Schulbuch	10	der Tisch
3	die Lehrerin	7	das Pausenbrot	11	die Flasche
4	die Tafel	8	das Mäppchen	12	das Fenster

2.1. Auf dem Schulgelände

der Pausenhof

die Aula

die Turnhalle

die Schulküche

der Sportplatz

2.2. Stundenplan einer 5. Klasse (Übergangsklasse Mittelschule)

Zeit	Montag	Dienstag	Mittwoch	Donnerstag	Freitag
8:00-8:45	Deutsch	Religion/Ethik	Deutsch	Sport	Deutsch
8:45-9:30	Deutsch	Religion/Ethik	Deutsch	Sport	Deutsch
9:30-9:45	Pause				
9:45-10:30	Mathe	Deutsch	Mathe	GSE	Mathe
10:30-11:15	PCB	Deutsch	PCB	Mathe	GSE
11:15-11:35	Pause				
11:35-12:10	Kunst	Mathe	Werken	Deutsch	Schwimmen
12:10-12:55	Kunst	GSE	Werken	Deutsch	Schwimmen

PCB = Physik, Chemie, Biologie

GSE = Geschichte, Sozialkunde, Erdkunde

2.3. Wichtige Personen in der Schule

Ihre Tochter hat Probleme in Mathematik. Bitte kommen Sie in meine Sprechstunde.

Wann ist Ihre Sprechstunde?

Herr Said, Ihr Sohn ist nicht in der Schule. Was ist los?

Sie müssen Ihr Kind bis 8 Uhr krankmelden, telefonisch oder schriftlich.

Mein Kind ist krank.

der Lehrer

die Mutter

die Schulsekretärin

der Vater

Ahmed aus der 5. Klasse ist immer müde und traurig. Er braucht Hilfe.

Ich spreche mit Ahmed und seinen Eltern.

In Deutschland gibt es die Schulpflicht: Alle Kinder müssen in die Schule gehen. Schüler müssen Hausaufgaben machen. Eltern müssen das kontrollieren.

die Lehrerin

die Schulsozialpädagogin

Ü 2.1. Was passiert wo in der Schule? Verbinden Sie.

Die Schüler malen
mit dem Pinsel.

Die Schüler und die
Lehrer machen ein Konzert.

Die Schüler spielen Volleyball.

Der Rektor spricht
mit der Sekretärin.

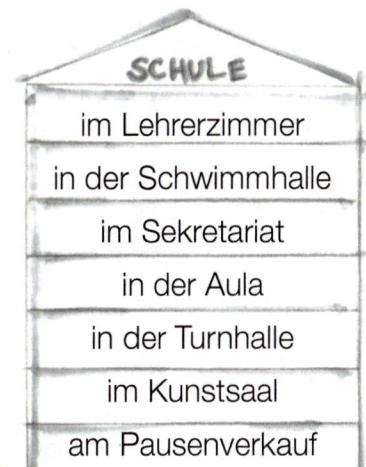

SCHULE

im Lehrerzimmer

in der Schwimmhalle

im Sekretariat

in der Aula

in der Turnhalle

im Kunstsaal

am Pausenverkauf

Fatima kauft
eine Limonade.

Die Mädchen
lernen schwimmen.

Die Lehrer korrigieren
Tests.

Ü 2.2. Was brauchen die Schüler? Verbinden Sie.

Ü 2.3. Was steht im Stundenplan auf Seite 110? Kreisen Sie die korrekten Informationen ein.

8 Stunden Deutsch pro Woche

10 Stunden Deutsch pro Woche

1. Pause von 9:30 bis 9:45 Uhr

Pause von 20 Minuten

Kunst am Montag

6 Tage Schule pro Woche

Freitag 4 Stunden Sport

2 Stunden Werken pro Woche

Ü 2.4. Packen Sie die Schultasche (z.B. für Sie, Ihr Kind) für einen Schultag. Welche Dinge brauchen Sie? Machen Sie eine Liste.

(Das Wörterbuch hilft Ihnen.)

3. Das Bildungssystem

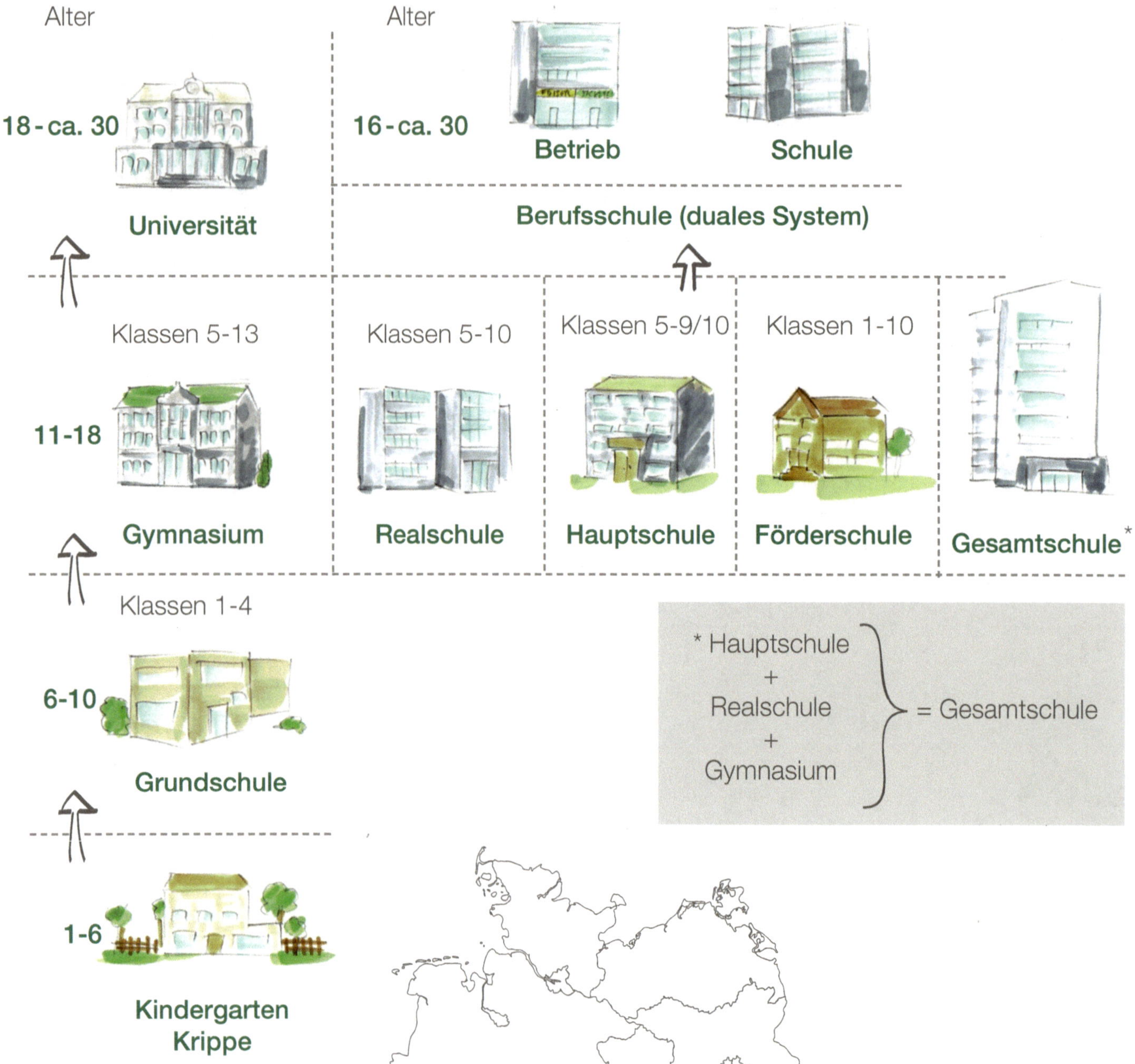

Alter

18 - ca. 30

Universität

Alter

16 - ca. 30

Betrieb   Schule

Berufsschule (duales System)

Klassen 5-13

11-18

Gymnasium

Klassen 5-10

Realschule

Klassen 5-9/10

Hauptschule

Klassen 1-10

Förderschule

Gesamtschule*

Klassen 1-4

6-10

Grundschule

1-6

Kindergarten
Krippe

* Hauptschule
+
Realschule   } = Gesamtschule
+
Gymnasium

Das Schulsystem
ist nicht in ganz
Deutschland gleich.
Das organisieren
die Bundesländer.

i

3.1. Schulabschlüsse in Deutschland

Schulabschlüsse:
- Hauptschule/ Mittelschule: (Qualifizierender) Hauptschulabschluss
- Realschule: Mittlere Reife
- Gymnasium: Abitur

Ich möchte hier gerne ein Praktikum machen.

Welche Schule haben Sie besucht? Haben Sie einen Abschluss?

Ich bin in der Mittelschule.

Gut. Bringen Sie bitte Ihr letztes Zeugnis mit.

3.2. Schulzeugnis

das Notensystem

1	2	3	4	5	6
sehr gut	gut	befriedigend	ausreichend	mangelhaft	ungenügend
☺	☺	☺	☺	☹	☹

→ Zwischenzeugnis: im Februar
→ Jahreszeugnis: im Juli
Im Jahreszeugnis darf ein Schüler nur einmal die Note 5 haben. Sonst muss er das Jahr noch einmal machen.

Mittelschule

(Amtliche Bezeichnung der Schule)

Schuljahr 2015/16   Jahrgangsstufe 5

JAHRESZEUGNIS
für
Marlene Müller

geboren am 22. Oktober 2005

Marlene war eine sehr freundliche Schülerin. Sie arbeitete stets fleißig, sehr selbstständig und konzentriert im Unterricht mit. Ihre Hefteinträge gestaltete sie äußerst ordentlich. Sie hielt sich vorbildlich an die Gesprächs- und Verhaltensregeln. -/-

Pflichtfächer

Ethik *	gut	Arbeit-Wirtschaft-Technik	gut
Deutsch	gut	Werken/Textiles Gestalten	gut
Mathematik	gut	Sport	befriedigend
Englisch	sehr gut	Musik	gut
Physik/Chemie/Biologie	befriedigend	Kunst	gut
Geschichte/Sozialk./Erdk.	gut		

Das Zeugnis

Die Schülerin rückt _____----- in die nächste Jahrgangsstufe vor.

München, 29. Juli 2016

113

Schulleiter   Klassenleiterin

Ü 3.1. Welche Begriffe passen zu welchem Alter? Ordnen Sie zu. Manche Begriffe können Sie mehrmals verwenden.

das Studium	die Realschule	der Kindergarten	die Universität

das Gymnasium	die Schulpflicht	die Grundschule	die Mittelschule

---

Ü 3.2. Bei der Schulberatung. Welche Antworten passen? Verbinden Sie.

Ich möchte gerne studieren.

Ich will im Restaurant arbeiten.

Ich will Arzt werden.

Ich will Autos reparieren.

Ich will im Büro arbeiten.

Sie müssen das Gymnasium besuchen und Abitur machen.

Sie können eine Ausbildung zum Koch machen. Sie brauchen einen Hauptschulabschluss.

Sie müssen das Abitur mit sehr guten Noten machen.

Sie müssen auf eine technische Berufsschule gehen.

Als Bürokauffrau? Sie brauchen einen Realschulabschluss.

Ü 3.3. Machen Sie eine Umfrage zum Thema Schule. Wie lange dauert in Ihren Heimatländern die Schulpflicht? Welches Notensystem gibt es?

4. Nach der Schule

der Verkäufer

die Friseurin

der Maurer

die Hotelfachfrau

der Kellner

der Ingenieur

der Logistiker

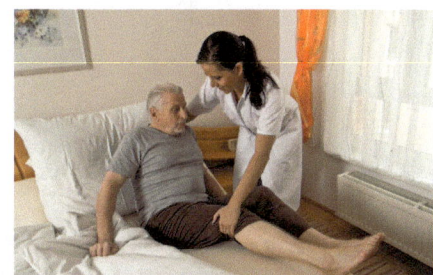

die Pflegerin

die Köchin

die Lehrerin

der Kfz-Mechatroniker

der Maler

der Elektriker

die Bürokauffrau

der Bäcker

4.1. Studium oder Ausbildung?

Für diese Berufe (und andere) braucht man ein Studium.

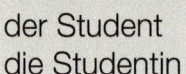

der Student
die Studentin

die Universität

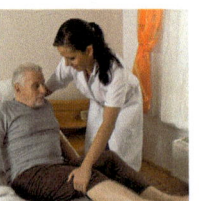

Für diese Berufe (und andere) braucht man eine Ausbildung.

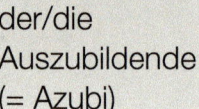

der/die
Auszubildende
(= Azubi)

die Berufsschule & der Betrieb

4.2. Anerkennung von Abschlüssen

1 zuständige Stelle finden.

⇒

2 Antrag stellen auf Anerkennung mit Dokumenten (z.B. Zeugnis, Lebenslauf …)

⇒

3 auf Bescheid warten (max. 3 Monate)

www.anerkennung-in-deutschland.de

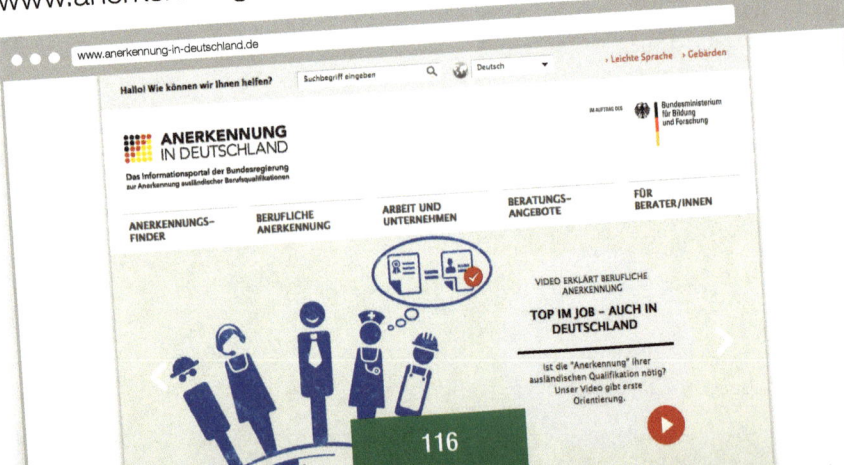

Ich habe einen Beruf in Syrien gelernt. Was soll ich jetzt tun?

Ü 4.1. Welche Begriffe gehören zusammen? Legen Sie sie in den richtigen Korb.

der Ingenieur · die Bibliothek · der Krankenpfleger · die Universität · studieren · der Elektriker · der Architekt · der Professor · der Azubi · die Studentin · im Betrieb arbeiten · die Schülerin · die Berufsschule · Schulferien · das Werkzeug · das Semester

AUSBILDUNG

STUDIUM

Ü 4.2. Welche Tätigkeiten passen zu welchem Beruf? Ordnen Sie zu.

Gemüse schneiden · Kunden beraten · Haare schneiden · ein Haus bauen

unterrichten · verkaufen · programmieren · korrigieren · operieren

Ü 4.3. In welcher Reihenfolge können Sie Ihren Beruf anerkennen lassen? Nummerieren Sie.

Arbeit suchen

auf Bescheid warten

Antrag stellen

Bescheid bekommen

zuständige Stelle finden

Ü 4.4. Benutzen Sie den Anerkennungs-Finder. Notieren Sie sich die zuständige Anlaufstelle für Ihren Beruf (oder den eines Freundes/einer Freundin).

Zum Kapitel

Thematische Schwerpunkte

Arbeitsorte und Berufe, Arbeitsformen, Sozialversicherung, Rechte und Pflichten, Bewerbung

Hintergrundinformationen

Für Asylbewerber ist das Angebot auf dem deutschen Arbeitsmarkt meist unzugänglich. Sie benötigen eine Arbeitserlaubnis, die nur in bestimmten Fällen erteilt wird. Somit sind Hinweise auf die unterschiedlichen Arbeitsberechtigungen sehr wichtig. Anerkannte Flüchtlinge, die vom Bundesamt für Migration und Flüchtlinge (BAMF) eine Aufenthaltserlaubnis erhalten haben, dürfen grundsätzlich uneingeschränkt als Beschäftigte tätig werden und auch einer selbstständigen Tätigkeit nachgehen. Im Falle eines Abschiebungsverbots sowie für Personen mit einer Aufenthaltsgestattung oder Duldung gelten besondere Regeln für den Zugang zum Arbeitsmarkt. Zuständig für die Erteilung von Arbeitsgenehmigungen ist die Ausländerbehörde und die jeweilige Arbeitsagentur. Der sogenannte „Antrag auf Genehmigung zur Ausübung einer Beschäftigung" muss bei der Ausländerbehörde gestellt werden. In den ersten drei Monaten ab Asylantragstellung ist es den Flüchtlingen nicht gestattet, einen Beruf auszuüben. Ausnahmen bilden karitative Arbeiten und gemeinnützige Tätigkeiten (1-Euro-Jobs, die allerdings auf max. 6 Monate beschränkt sind). Eine Anfrage muss beim jeweiligen Landratsamt bzw. bei der Stadtverwaltung gestellt werden. Vor Beginn einer Berufsausbildung bieten sich berufsvorbereitende Integrations- und Deutschkurse an. Die Bundesagentur für Arbeit hat neben vielen weiteren Anbietern eine Jobbörsen-App veröffentlicht, die die Suche nach Arbeit erleichtert.

Zentrale Handlungen in diesem Bereich sind:
- über Berufe und Arbeitsorte sprechen
- Arbeitsformen, -zeiten und -bedingungen kennen
- Arbeitserlaubnis beantragen
- Arbeit suchen

Vermittlungshinweise

Der Einstieg ins Thema „Arbeit" erfolgt über übliche Arbeitsorte und die entsprechenden Berufe, die teilweise bereits im Kapitel „Bildung" eingeführt wurden. Hier bietet es sich an, über die Interessen und Berufserfahrungen der Lerner zu sprechen.

Die Rahmenbedingungen in der deutschen Arbeitswelt (vertragliche Bestandteile, Sozialversicherung, Steuern, Arbeitsformen etc.) sind sehr komplex und werden hier nur ansatzweise und in Auswahl vorgestellt. Auf den Unterschied zwischen Brutto- und Nettolohn sowie auf den gesetzlichen Mindestlohn sollte hingewiesen werden. Auch sollte betont werden, dass eine abgeschlossene Ausbildung den Zugang zum Arbeitsmarkt erleichtert und den Lohn erhöht.

Hinweis: Das deutsche duale Ausbildungssystem, die Kombination aus Berufsschule und Lehre, wird im Kapitel „Bildung" ausführlicher thematisiert.

Im Unterkapitel „Rechte und Pflichten" geht es um die Frage, unter welchen Umständen Asylbewerber arbeiten dürfen. Das Schema veranschaulicht die aktuelle Gesetzeslage in groben Zügen (Stand: Februar 2017). Da hier Gesetzesänderungen zu erwarten sind, prüfen Sie bitte die gesetzlichen Angaben auf ihre Aktualität hin (s. Link unten).

Zum Thema „Bewerbung" können die Lerner einen eigenen (tabellarischen) Lebenslauf verfassen. Verteilen Sie dazu ggf. ein Formular, das die Lerner mit ihren Angaben ausfüllen. Fortgeschrittene Lerner können sich am Schreiben einer Bewerbung ausprobieren sowie ein Bewerbungsgespräch als Rollenspiel einüben.

Generell sollte wiederholt betont werden, dass Deutschkenntnisse zentral für die Integration in den Arbeitsmarkt sind.

Linktipps

- Informationen zum Zugang zum Arbeitsmarkt für Geflüchtete je nach Aufenthaltsstatus (BAMF): www.bamf.de/DE/Infothek/FragenAntworten/ZugangArbeitFluechtlinge/zugang-arbeit-fluechtlinge-node.html
- alles zum Thema „Wege in den Beruf – Informationen für Migrantinnen": www.migra-info.de/startseite.html
- Informationen zu Berufsfeldern, mit Videos (auch auf Englisch): www.planet-beruf.de/schuelerinnen/mein-beruf/berufsfelder/
- Jobbörsen der Bundesagentur für Arbeit: www.jobboerse.arbeitsagentur.de
- Vorlagen für Lebensläufe zum Ausfüllen: www.bewerbung.co/lebenslauf

1. Arbeitsort und Arbeitszeit

die Schule
Lehrer, Lehrerin

das Krankenhaus
Krankenschwester, -pfleger

das Pflegeheim
Altenpfleger, Altenpflegerin

der Kindergarten
Erzieher, Erzieherin

das Gericht
Richterin, Richter

das Restaurant
Kellnerin, Kellner

das Geschäft
Verkäuferin, Verkäufer

das Büro
Sachbearbeiter, Sachbearbeiterin

das Wohnhaus
Hausmeister, Hausmeisterin

in der Stadt
Postbote, Postbotin

die Werkstatt
Mechatroniker, Mechatronikerin

die Fabrik
Arbeiterin, Arbeiter

1.1. Arbeitszeiten (Beispiele)

	Anfang	Ende	Schichtarbeit
	6 Uhr	14 Uhr	Frühschicht
	14 Uhr	22 Uhr	Spätschicht
	22 Uhr	6 Uhr	Nachtschicht
	7 Uhr	15 Uhr	Frühschicht
	15 Uhr	23 Uhr	Spätschicht
	23 Uhr	7 Uhr	Nachtschicht
	8 Uhr	17 Uhr	
	11 Uhr	15 Uhr	Frühschicht
	18 Uhr	22 Uhr	Spätschicht

1.2. Wer arbeitet wo und wann?

Ich arbeite von Montag bis Freitag. Von 8 Uhr bis 17 Uhr. Freitags nur bis 13 Uhr.

Ich mache Schichtarbeit: Frühschicht oder Spätschicht.

Ich muss manchmal auch am Wochenende arbeiten.

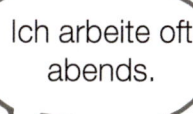

Ich arbeite oft abends.

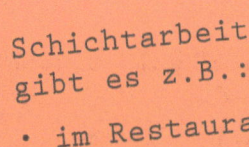

Schichtarbeit gibt es z.B.:
- im Restaurant
- in der Fabrik
- im Krankenhaus

Ü 1.1. Welche Berufe gibt es an diesen Orten? Verbinden Sie.

| die Baustelle | das Hotel | die Bäckerei | das Labor |

   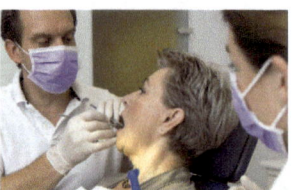

| die Autofabrik | die Zahnarztpraxis | das Café | der Friseursalon |

Ü 1.2. Einsatzplan im Krankenhaus. Wann arbeiten Ahmed, Nadia und Sebastian? Wie viele Stunden arbeiten sie in dieser Woche?

	Montag	Dienstag	Mittwoch	Donnerstag	Freitag	Samstag	Sonntag
6-14 Uhr	Ahmed	Nadia	Nadia	Ahmed	Ahmed	Ahmed	Mehmet
14-22 Uhr	Mehmet	Mehmet	Franziska	Franziska	Franziska	Franziska	Nadia
22-6 Uhr	Sebastian	Sebastian	Sebastian	Beate	Beate	Beate	Sebastian

Ahmed arbeitet diese Woche am _____ ,

insgesamt _____ Stunden.

Nadja arbeitet diese Woche am _____ ,

insgesamt _____ Stunden.

Sebastian arbeitet diese Woche am _____ ,

insgesamt _____ Stunden.

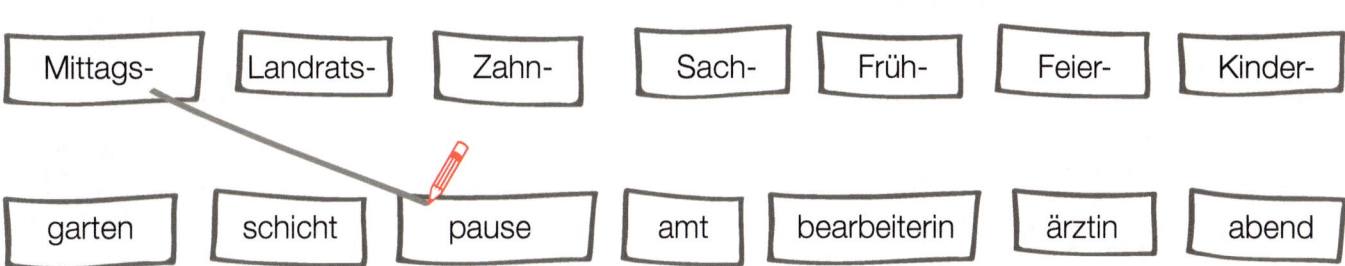
Ü 1.3. Verbinden Sie die Wortteile.

Mittags- Landrats- Zahn- Sach- Früh- Feier- Kinder-

garten schicht pause amt bearbeiterin ärztin abend

Ü 1.4. Welche Vokale fehlen?   a   ä   au   äu   e   ei   ie   ü (2x)

Woch____nende,   Sp____tschicht   Erz____herin,   ____ltenpfleger,   B____ro,

F____erabend,   Krankenh____s,   Verk____ferin,   Fr____hschicht

---

Ü 1.5. Welche Konsonanten fehlen?   ch (2x)   h   ll   s   sch

Bau____telle   ____emiker   Kranken____wester

Le____rer   Ke____ner   Geri____t

Ü 1.6. Machen Sie eine Umfrage im Kurs: Haben Sie bereits einen Beruf?
Wo und in welchem Beruf möchten Sie gerne arbeiten?

2. Arbeit und Sozialversicherung

Arbeitsbeginn:
01.04.2017

Probezeit: 3 Monate

Beruf:
Verkäufer/in

Arbeitsvertrag

Lohn: 10,50 Euro/Stunde

zwischen

dem **Mini-Markt Hummel**, Plenzdorfer Straße 50, 88539 Grubtal, vertreten durch den Inhaber Hans Heinrich Hummel, im Folgenden Arbeitgeber

und

Frau **Sara Baymarova**, Müllerstraße 58b, 88539 Grubtal, im Folgenden Arbeitnehmerin.

Arbeitsort: Grubtal,
Filiale Plenzdorfer Straße

Urlaub: 13 Tage im Jahr

§ 1 Beginn des Arbeitsverhältnisses

Die Arbeitnehmerin wird ab dem 01.04.2017 als Verkaufskraft in der Bäckerei Hummel eingestellt.

§ 2 Befristung/Beendigung des Arbeitsverhältnisses

(1) Die Arbeitnehmerin wird ab 01.04.2017 als Teilzeitbeschäftigte mit 15 Stunden/Woche eingestellt.

Arbeitszeit: Teilzeit:
15 Stunden pro Woche

(2) Das Arbeitsverhältnis ist befristet bis zum 31.03.2018.

Befristung: 1 Jahr

(3) Als Probezeit werden drei Monate vereinbart. Während dieser Zeit kann das Arbeitsverhältnis unter Einhaltung einer Frist von 2 Wochen gekündigt werden.

§ 3 Gehalt

Das Gehalt für 15 Stunden wöchentlich beträgt Euro 700,00 brutto.

Die Abzüge für Steuern und Versicherung werden vom Bruttogehalt gemäß den gesetzlichen Bestimmungen einbehalten und an die zuständigen Behörden abgeführt. Im Krankheitsfall wird das Gehalt für die Dauer von 6 Wochen fortgezahlt. Im Falle der

der Arbeitsvertrag

die Arbeitnehmerin

der Arbeitgeber

2.1. Arbeitsformen

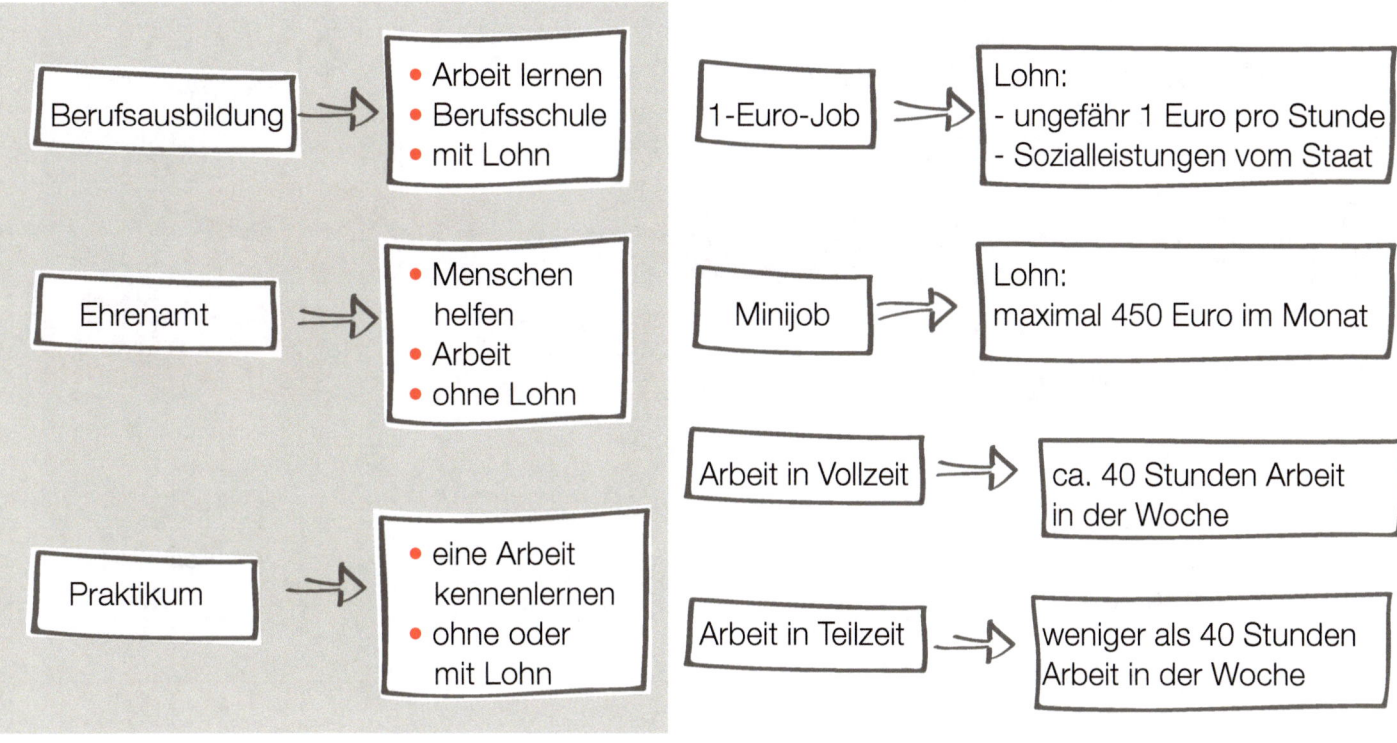

Berufsausbildung →
- Arbeit lernen
- Berufsschule
- mit Lohn

Ehrenamt →
- Menschen helfen
- Arbeit ohne Lohn

Praktikum →
- eine Arbeit kennenlernen
- ohne oder mit Lohn

1-Euro-Job →
Lohn:
- ungefähr 1 Euro pro Stunde
- Sozialleistungen vom Staat

Minijob →
Lohn: maximal 450 Euro im Monat

Arbeit in Vollzeit →
ca. 40 Stunden Arbeit in der Woche

Arbeit in Teilzeit →
weniger als 40 Stunden Arbeit in der Woche

2.2. Bruttolohn und Nettolohn

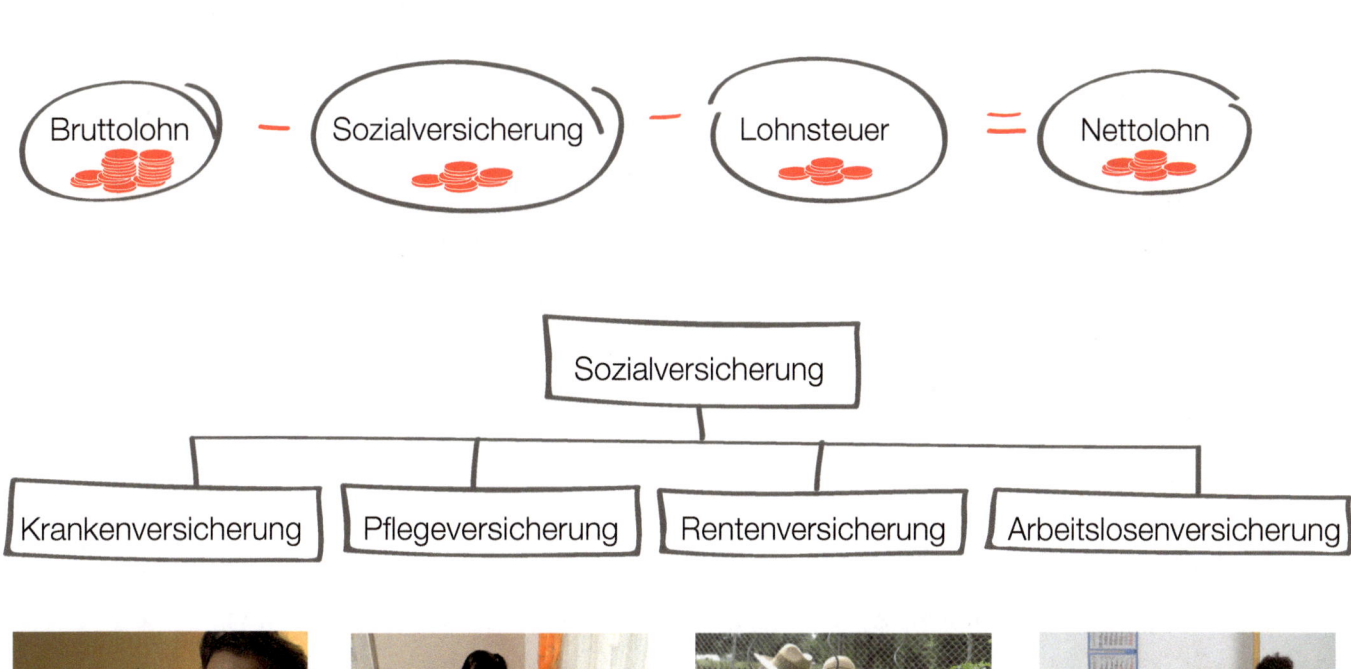

Bruttolohn − Sozialversicherung − Lohnsteuer = Nettolohn

Sozialversicherung
- Krankenversicherung
- Pflegeversicherung
- Rentenversicherung
- Arbeitslosenversicherung

Ü 2.1. Was passt? Verbinden Sie die Arbeitsformen mit den passenden Angaben.

| 5 Tage pro Woche | nicht legal | Sozial-versicherung | Berufsschule |

das Ehrenamt   die Berufsausbildung   die Vollzeitarbeit

das Praktikum   der Minijob   die Schwarzarbeit

| keine Sozial-versicherung | Lohn/Gehalt | kein Lohn/Gehalt | Maximal 450 Euro im Monat |

Ü 2.3. Was steht im Ausbildungsvertrag? Ordnen Sie zu.

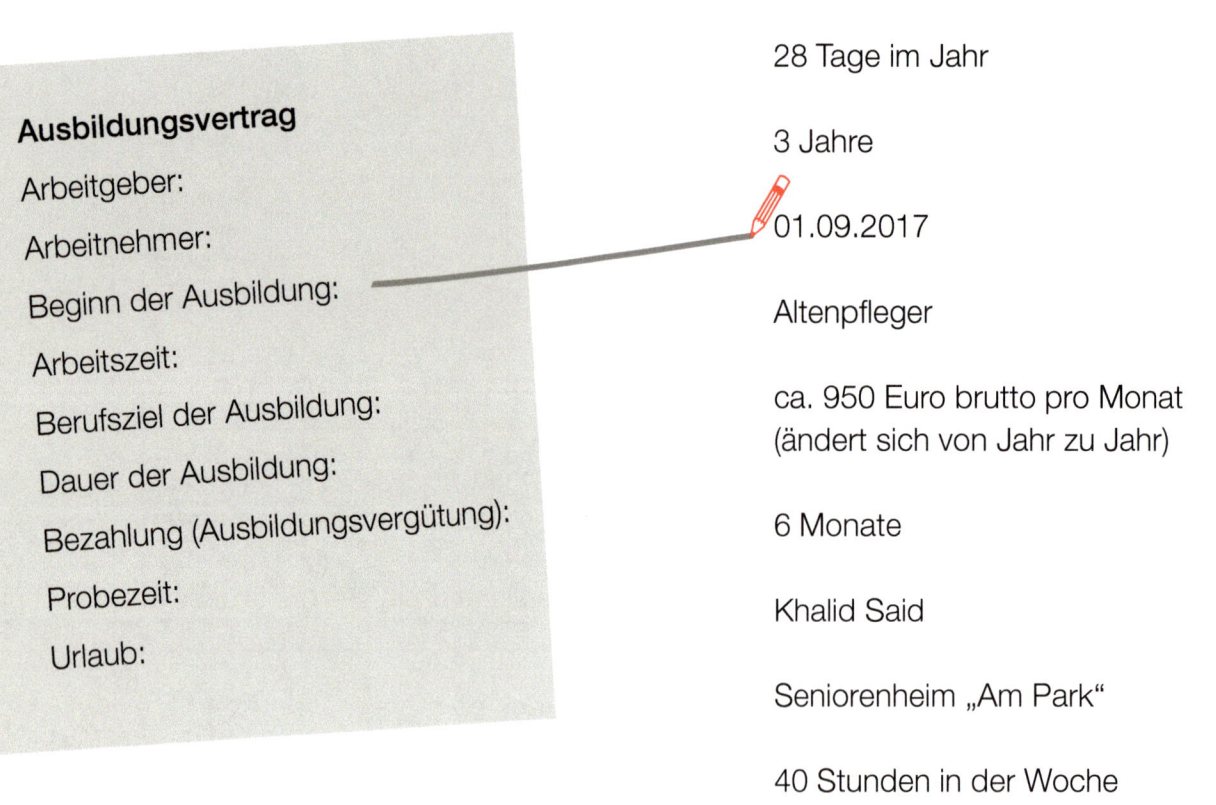

Ausbildungsvertrag

Arbeitgeber:

Arbeitnehmer:

Beginn der Ausbildung:

Arbeitszeit:

Berufsziel der Ausbildung:

Dauer der Ausbildung:

Bezahlung (Ausbildungsvergütung):

Probezeit:

Urlaub:

28 Tage im Jahr

3 Jahre

01.09.2017

Altenpfleger

ca. 950 Euro brutto pro Monat (ändert sich von Jahr zu Jahr)

6 Monate

Khalid Said

Seniorenheim „Am Park"

40 Stunden in der Woche

Ü 2.4. Welche Firmen/Arbeitgeber kennen Sie in Deutschland? Machen Sie eine Liste mit 10 Namen.

3. Rechte und Pflichten

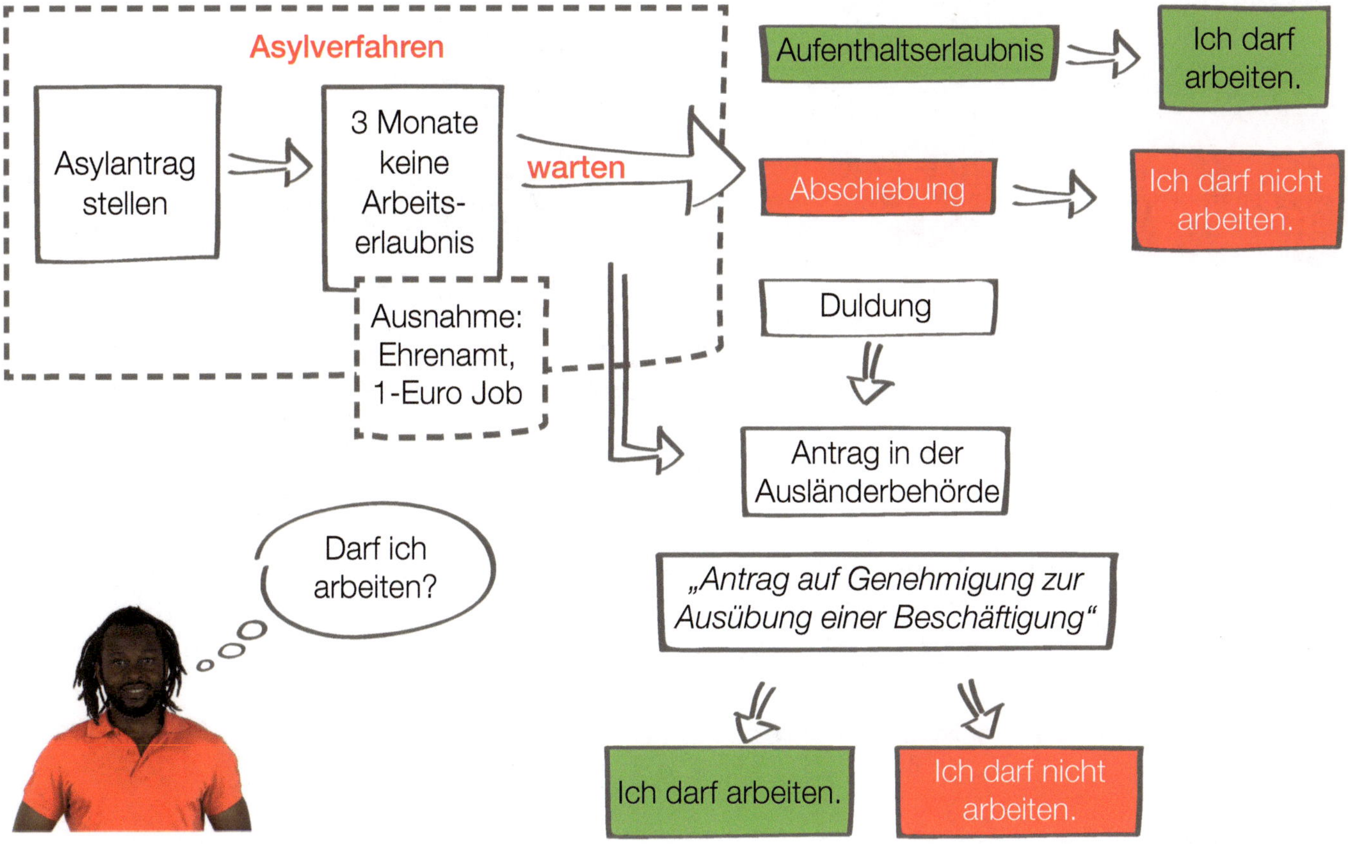

Asylverfahren

Asylantrag stellen → 3 Monate keine Arbeits-erlaubnis

Ausnahme: Ehrenamt, 1-Euro Job

warten

Aufenthaltserlaubnis → Ich darf arbeiten.

Abschiebung → Ich darf nicht arbeiten.

Duldung ⇊

Antrag in der Ausländerbehörde

„Antrag auf Genehmigung zur Ausübung einer Beschäftigung"

Ich darf arbeiten. — Ich darf nicht arbeiten.

Darf ich arbeiten?

3.1. Was ist Arbeitgebern wichtig?

Teamfähigkeit

Pünktlichkeit

Berufserfahrung

gute Deutschkenntnisse

Zuverlässigkeit

3.2. Welche Rechte hat der Arbeitnehmer?

§

Respekt   Urlaub   Arbeitszeugnis   Gold   Pause

Ü 3.1. Wörter aus der Arbeitswelt. Finden Sie die richtigen Kombinationen.

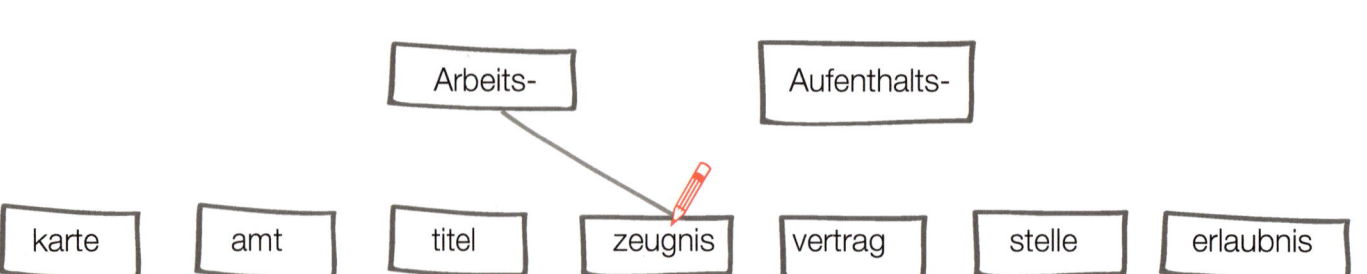

Arbeits-   Aufenthalts-

karte   amt   titel   zeugnis   vertrag   stelle   erlaubnis

Ü 3.2. Was macht der Arbeitgeber? Was macht der Arbeitnehmer? Verbinden Sie.

Die Arbeitnehmerin muss/kann….

Der Arbeitgeber muss/kann…

arbeiten

das Gehalt/den Lohn zahlen

Einkommensteuer/ Lohnsteuer zahlen

den Arbeitsvertrag unterschreiben

Gehalt/Lohn bekommen

die Sozialversicherung zahlen

Urlaub nehmen

kündigen = die Arbeit für diese Firma beenden

sich krank melden

Urlaub geben

pünktlich sein

eine Arbeitserlaubnis haben

Arbeit zuteilen

ein Arbeitszeugnis geben

Ü 3.3. Wo ist die nächste Ausländerbehörde und das nächste Arbeitsamt? Wie kommt man dort hin?

4. Bewerbung

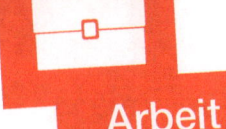

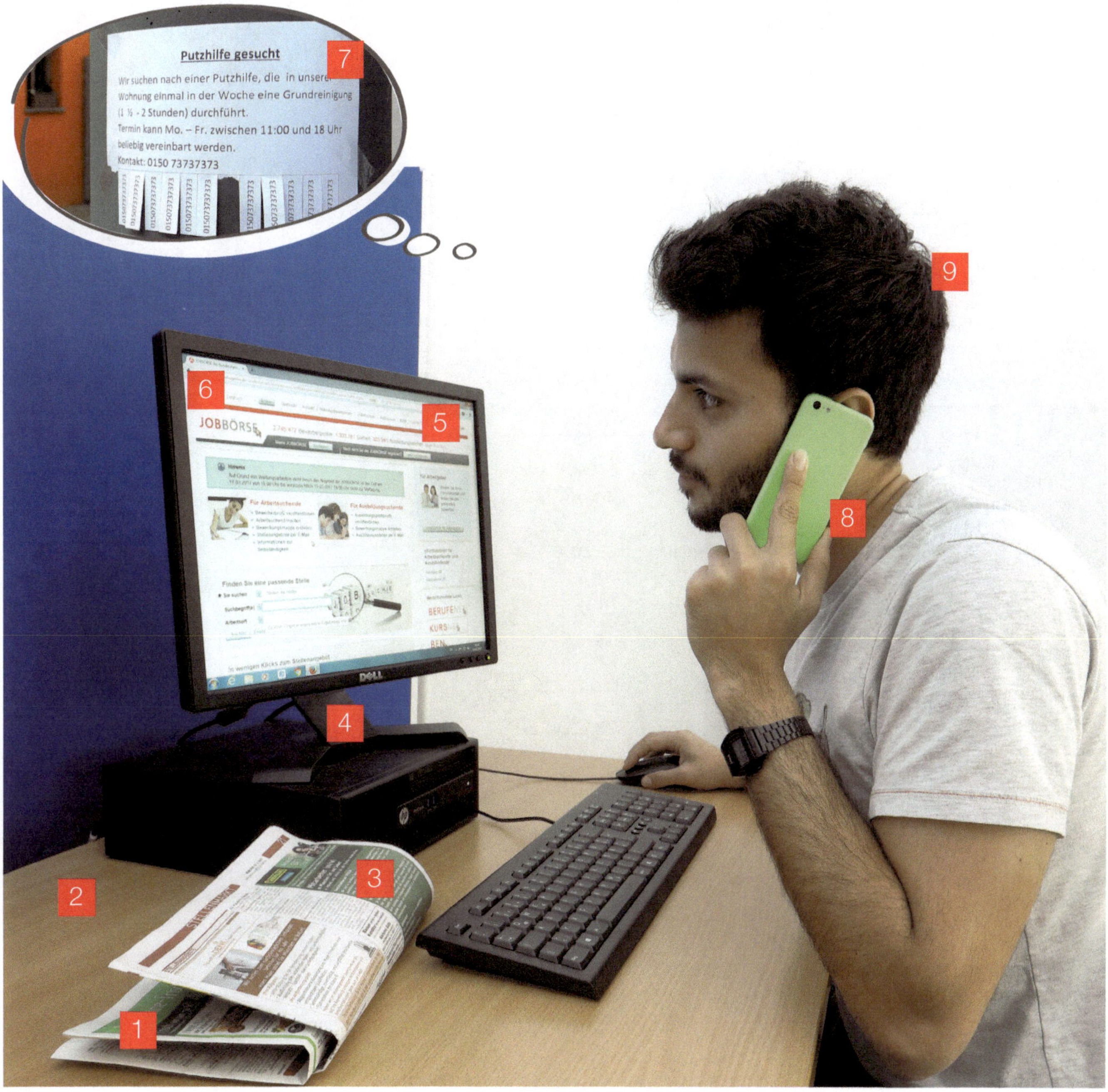
Putzhilfe gesucht
Wir suchen nach einer Putzhilfe, die in unsere
Wohnung einmal in der Woche eine Grundreinigung
(1 ½ - 2 Stunden) durchführt.
Termin kann Mo. – Fr. zwischen 11:00 und 18 Uhr
beliebig vereinbart werden.
Kontakt: 0150 73737373
JOBBÖRSE
7
6
5
9
8
4
3
2
1

1 die Zeitung	4 der Computer	7 der Aushang
2 der Schreibtisch	5 das Internet	8 das Telefon
3 die Stellenanzeige	6 die Arbeitsagentur	9 der Bewerber

4.1. Die schriftliche Bewerbung

Bäckerei Huber

Stellenangebot

Für unsere Bäckerei suchen wir
ab sofort eine/einen

Verkäuferin/Verkäufer

in Vollzeit oder Teilzeit.

Bitte bewerben Sie sich
schriftlich mit:
- Anschreiben
- Lebenslauf
- Zeugnissen

An:
Bäckerei Huber
Musterstraße 3
80000 München

10.10

Bewerbung um die Stelle als Verk

Sehr geehrte Damen und Herren

ich möchte gerne bei Ihnen als
Verkäufer in Teilzeit arbeiten.

Mit freundlichen Grüßen
A. Mohammadi
Ali Mohammadi

Lebenslauf

Name: Ali Mohammadi
Geburtsdatum: 26.05.2000
Geburtsort: München

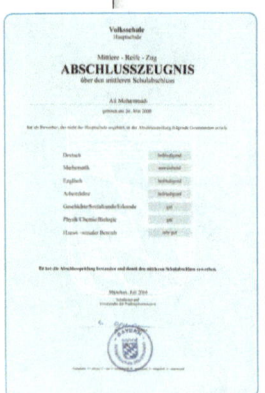

Adresse: Wiesenweg 12,
80009 München

Staatsangehörigkeit: deutsch
Familienstand: ledig
E-mail: mohammadi@muster.de

Schulbildung:
Grundschule: 2006 - 2010
Realschule: 2010 - 2016

Berufliche Erfahrung:
1.8.2015 – 28.08.2015
Praktikum im Supermarkt Meier

A. Mohammadi

Supermarkt Meier

Praktikumszeugnis

Herr Ali Mohammadi
hat im Supermarkt Meier
vom 1.8.2015 bis 28.08.2015
ein Praktikum absolviert. Wir
waren mit seiner Arbeit sehr
zufrieden.

E. Meier
E. Meier

4.2. Sich vorstellen

Guten Tag. Mein Name ist Fatima Buruk.

Guten Tag, Frau Buruk. Ich bin Herr Müller. Bitte nehmen Sie Platz. Sprechen Sie Deutsch?

Ja, ein bisschen. Und ich lerne jeden Tag Deutsch.

Haben Sie Berufserfahrung?

Ja, ich habe zwei Jahre als Kellnerin gearbeitet.

Ü 4.1. Wohin gehört die Information? Machen Sie Pfeile.

Lebenslauf

Name:
Geburtsdatum:
Geburtsort:
Adresse:

Staatsangehörigkeit:
Familienstand:
E-Mail:
Schulbildung:

Berufliche Erfahrung:

Max Merkel

1.8.2015 – 28.08.2015 Praktikum im Supermarkt

München

Deutscher

ledig

m.merkel@muster.de

Unterschrift

Foto

26.05.2000

Grundschule: 2006 – 2010

Realschule: 2010 - 2016

Wiesenweg 12, 80009 München

Ü 4.2. Beim Vorstellungsgespräch. Welche Antworten passen zu den Fragen? Verbinden Sie.

Was sind meine Aufgaben?

Welche Sprachen sprechen Sie?

Wie viele Stunden Arbeit sind es in der Woche?

Was haben Sie zuvor gearbeitet?

Wie viel Lohn bekomme ich?

Wann können Sie beginnen zu arbeiten?

Ich spreche Arabisch, Englisch und ein bisschen Deutsch.

1800 Euro brutto.

Ich habe fünf Jahre in einer Autowerkstatt gearbeitet.

Sofort.

Montag bis Freitag von 7.30 Uhr bis 17 Uhr.

Autos reparieren, den Kundendienst machen.

Ü 4.3. Was brauchen Sie für die Bewerbung?
Schreiben Sie die Zahlen in die Bewerbungsmappe.

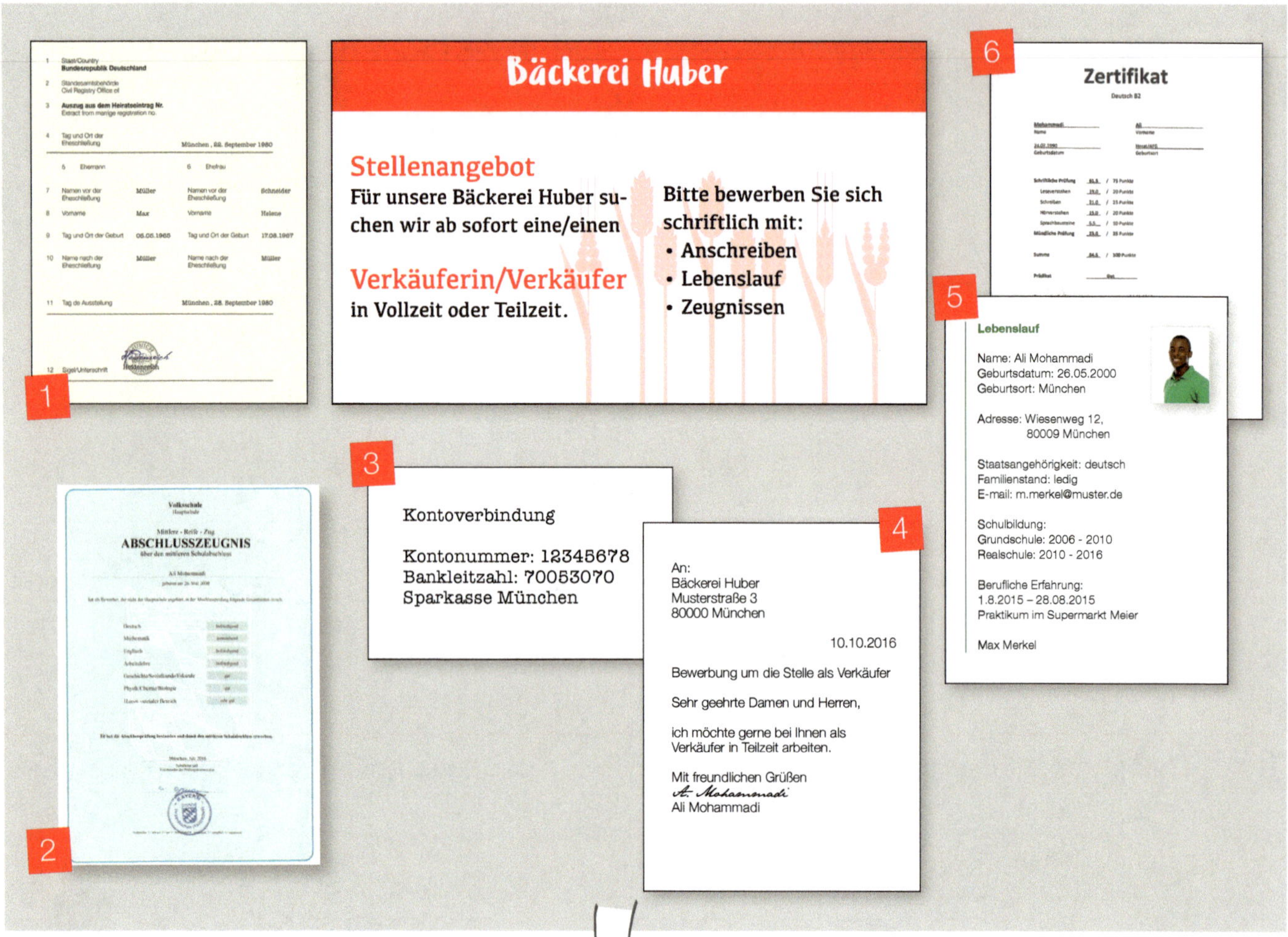

1

Staat/Country
Bundesrepublik Deutschland

Standesamtsbehörde
Civil Registry Office of

Auszug aus dem Heiratseintrag Nr.
Extract from marrige registration no.

4 Tag und Ort der
   Eheschließung   München , 22. September 1980

   6 Ehemann   6 Ehefrau

7 Namen vor der   Müller   Namen vor der   Schneider
   Eheschließung   Eheschließung

8 Vorname   Max   Vorname   Helena

9 Tag und Ort der Geburt 05.06.1965   Tag und Ort der Geburt 17.08.1967

10 Name nach der   Müller   Name nach der   Müller
   Eheschließung   Eheschließung

11 Tag der Ausstellung   München , 28. September 1980

12 Siegel/Unterschrift

Bäckerei Huber

Stellenangebot

Für unsere Bäckerei Huber suchen wir ab sofort eine/einen

Verkäuferin/Verkäufer
in Vollzeit oder Teilzeit.

Bitte bewerben Sie sich
schriftlich mit:
• **Anschreiben**
• **Lebenslauf**
• **Zeugnissen**

6

Zertifikat
Deutsch B2

Mohammadi   Ali
Name   Vorname

26.05.2000   München/DE
Geburtsdatum   Geburtsort

Schriftliche Prüfung   84,5 / 75 Punkte
Lesen/Lesen   24,0 / 25 Punkte
Schreiben   21,5 / 25 Punkte
Hören/Lesen   19,0 / 25 Punkte
Sprachbausteine   1,0 / 10 Punkte
Mündliche Prüfung   15,0 / 25 Punkte

Summe   84,5 / 100 Punkte

Prüfdatum   Sitz

5

Lebenslauf

Name: Ali Mohammadi
Geburtsdatum: 26.05.2000
Geburtsort: München

Adresse: Wiesenweg 12,
         80009 München

Staatsangehörigkeit: deutsch
Familienstand: ledig
E-mail: m.merkel@muster.de

Schulbildung:
Grundschule: 2006 - 2010
Realschule: 2010 - 2016

Berufliche Erfahrung:
1.8.2015 – 28.08.2015
Praktikum im Supermarkt Meier

Max Merkel

2

Volksschule
Hauptschule

Mittlere - Reife - Zug
ABSCHLUSSZEUGNIS
über den mittleren Schulabschluss

Ali Mohammadi
geboren am 26. Mai 2000

Deutsch   befriedigend
Mathematik   ausreichend
Englisch   befriedigend
Arbeitslehre   befriedigend
Geschichte/Sozialkunde/Erdkunde gut
Physik/Chemie/Biologie   gut
Kunst - textiler Bereich   sehr gut

München, im ...

3

Kontoverbindung

Kontonummer: 12345678
Bankleitzahl: 70053070
Sparkasse München

4

An:
Bäckerei Huber
Musterstraße 3
80000 München

                              10.10.2016

Bewerbung um die Stelle als Verkäufer

Sehr geehrte Damen und Herren,

ich möchte gerne bei Ihnen als
Verkäufer in Teilzeit arbeiten.

Mit freundlichen Grüßen
A. Mohammadi
Ali Mohammadi

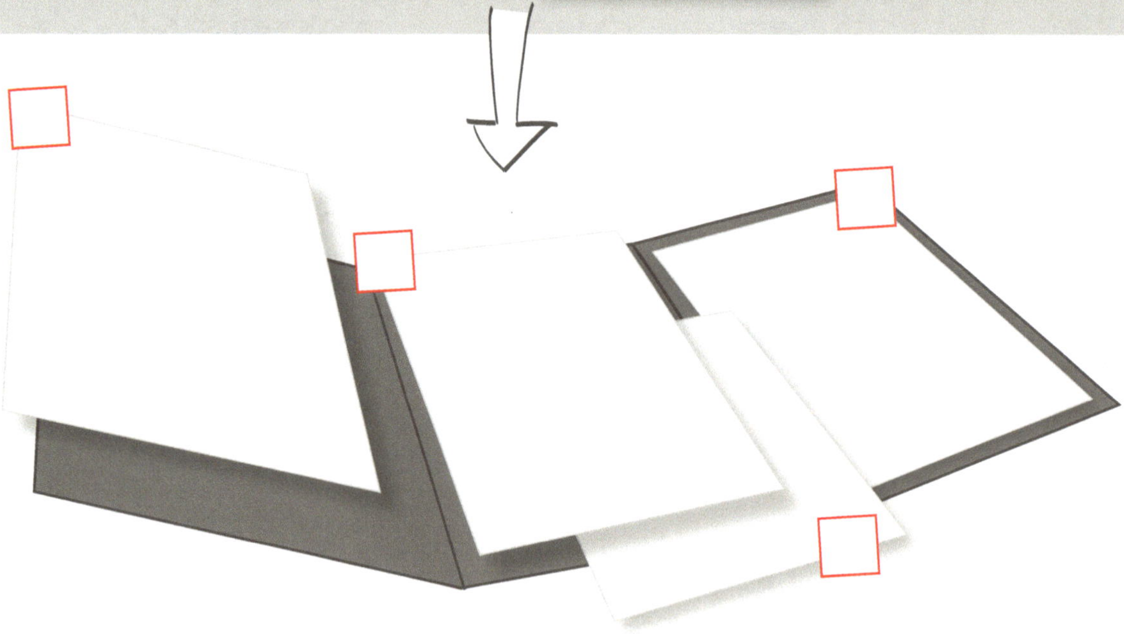

Ü 4.4. Schreiben Sie einen Lebenslauf.

Zum Kapitel

Thematische Schwerpunkte

Grundrechte, Gleichberechtigung, Religionsfreiheit, Feiertage, wichtige Gesetze und Verbote

Hintergrundinformationen

Die Bundesrepublik Deutschland ist ein demokratischer und sozialer Rechtsstaat. Demnach erfährt das Handeln von Regierung und Verwaltung durch die geltenden gesetzlichen Regelungen seine Grenzen, wodurch staatliche Willkür ausgeschlossen wird. Zu den Wesensmerkmalen des Rechtsstaatsprinzips zählen insbesondere die bedingungslose Achtung der Grundrechte durch alle Organe der Staatsgewalt, die Gewaltenteilung und damit die Unabhängigkeit der Justiz sowie die Gleichbehandlung durch das Gesetz ohne Einfluss von Geschlecht, Herkunft oder sexueller Orientierung.

Vor diesem Hintergrund werden nach einem einführenden Überblick zu den wichtigsten Grundrechten exemplarisch die Gleichbehandlung von Mann und Frau und die Religionsfreiheit dargestellt.

Zentrale Handlungen in diesem Bereich sind:
- Grundrechte des deutschen Grundgesetzes kennen
- auf Gleichbehandlung und Gleichberechtigung von Mann und Frau achten
- die Rolle von Religion in Deutschland kennen
- sich der Konsequenzen von Regelverstößen und Gesetzesbrüchen bewusst sein

Vermittlungshinweise

Machen Sie darauf aufmerksam, dass sich der deutsche Staat auch bei der Bearbeitung der Asylanträge in jedem Einzelfall an die Regelungen des Asylgesetzes zu halten hat und damit staatliche Willkür oder Bestechung ausgeschlossen wird. Die Rechtmäßigkeit von Antragsablehnungen kann im Zweifel bei den zuständigen Verwaltungsgerichten durch Klageerhebung überprüft werden. Hierfür sollte ein fachkundiger Anwalt zu Rate gezogen werden.

Die rechtliche Situation von Asylbewerbern und Flüchtlingen ist sehr komplex, weshalb Laien auf Rechtsberatung lieber verzichten sollten. Allgemeine Beratung bieten die Migrationsberatungsstellen (z.B. Caritas).

Stellen Sie bei der Behandlung des Themas Gleichberechtigung die rechtliche, berufliche und gesellschaftliche Gleichstellung der Frau in den Vordergrund. Das klassische Bild von Hausfrau und berufstätigem Ehemann ist längst aufgebrochen. Die Politik versucht etwa durch Einführung der Frauenquote für Aufsichtsratsposten, die Gleichbehandlung weiter voranzutreiben, wenngleich eine vollständige Gleichbehandlung noch nicht erreicht ist.

Die sensiblen Themen Religion und Homosexualität sollten auf jeden Fall thematisiert werden, aber so sachlich wie möglich. Weisen Sie darauf hin, dass die homosexuelle Partnerschaft seit 2001 in den rechtlichen Rahmen einer eingetragenen Lebenspartnerschaft überführt werden kann, welche mit Ausnahme des Adoptionsrechts einer weitgehenden rechtlichen Gleichstellung mit der Ehe entspricht. Zeigen Sie beim Thema Justiz und Polizei, dass Selbstjustiz in jedem Fall verboten ist.

Linktipps

- Informationsseiten der Bundeszentrale für politische Bildung in leichter Sprache (z.B. zu Grundgesetz, Rechten von Flüchtlingen): www.bpb.de/die-bpb/informationen-in-leichter-sprache/
- Broschüre „Das Grundgesetz – die Basis unseres Zusammenlebens" des BAMF für Zugewanderte und Geflüchtete in den Sprachen Deutsch, Arabisch, Englisch, Farsi, Französisch und Kurdisch: www.bamf.de/SharedDocs/Anlagen/DE/Publikationen/Broschueren/das-grundgesetz.html?nn=1367522
- Themenseite der Bundeszentrale für politische Bildung zum Thema Flucht und Migration: www.bpb.de/politik/innenpolitik/flucht/
- Informationen vom BAMF über das Klageverfahren nach Ablehnung eines Asylantrags: www.bamf.de/DE/Migration/AsylFluechtlinge/Asylverfahren/Klageverfahren/klageverfahren-node.html
- Video in 14 Sprachen zur Anhörung, vom Kölner Flüchtlingsrat: www.asylindeutschland.de

1. Grundwerte und Grundrechte

 der Hunger

 die Gewalt

 die Zensur

 die Verfolgung

 der Krieg

die Flucht

 der Frieden

 die Sicherheit

 die Freiheit

 die Gleichheit

 die Rechte

 die Gesetze

 die Verbote

1.1. Rechte und Freiheiten

Ich sage, was ich denke. = die Meinungsfreiheit

Ich darf glauben, was ich möchte. = die Religionsfreiheit

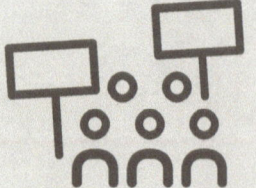 
Wir dürfen uns treffen. = das Versammlungsrecht

Ich kann Politik mit entscheiden. = das Wahlrecht

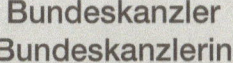

Bundeskanzler
Bundeskanzlerin

Bundesregierung

Bundespräsident
Bundespräsidentin

Vorschlag

Bundesverfassungsgericht

Bundesrat

Bundesversammlung

Bundestag

© Deutscher Bundestag / Thomas Trutschel/photothek.net

Landesparlamente

Landesregierungen

Menschen mit Wahlrecht

Es gibt viele Freiheiten
in einer Demokratie.
Aber alle Menschen müssen:
• die Freiheit von
  anderen respektieren.
• die Gesetze beachten.

Ü 1.1. Was gibt es in Deutschland? Kreuzen Sie an.

In Deutschland gibt es…

…die Meinungsfreiheit.	✗
…das Versammlungsverbot.	
…Krieg.	
…die Religionsfreiheit.	
…die Wahlpflicht.	
…das Recht auf Bildung.	
…die Pressefreiheit.	
…eine Diktatur.	

Ü 1.2. Was ist erlaubt? ✓ Was ist verboten? 🚫

die Bestechung   die Beleidigung   das Wahlrecht   die Waffe

die Religionsfreiheit   die Körperverletzung

Ü 1.3. Was gehört zur Demokratie in Deutschland? Kreisen Sie ein.

das Wahlrecht für Frauen   das Wahlrecht für Männer   das Wahlrecht für Asylbewerber

die Bestechung   das Wahlrecht für Kinder   der Bundespräsident/   die politischen
die Bundespräsidentin   Parteien

der König/   der Bundestag
die Königin   das Europaparlament

der Bundeskanzler/   die Industrie   die Zensur
die Bundeskanzlerin

2. Gleichberechtigung von Mann und Frau

gleiche Bildung für Mann und Frau

gleiche Hobbys für Mann und Frau

Kindererziehung: Mann und Frau

Wahlrecht für Mann und Frau

freie Berufswahl für Mann und Frau

freie Kleidungswahl für Mann und Frau

Frau = Chefin

Mann = Chef

2.1. Gleichberechtigung in der Partnerschaft

 das heißt

Der Mann darf die Frau nicht schlagen.
Die Frau darf den Mann nicht schlagen.

Die Frau darf ihre Meinung sagen.
Der Mann darf seine Meinung sagen.

Der Mann darf selbst entscheiden.
Die Frau darf selbst entscheiden.

Auch in der Partnerschaft sind
Mann und Frau gleichberechtigt.

2.2. Formen von Zusammenleben

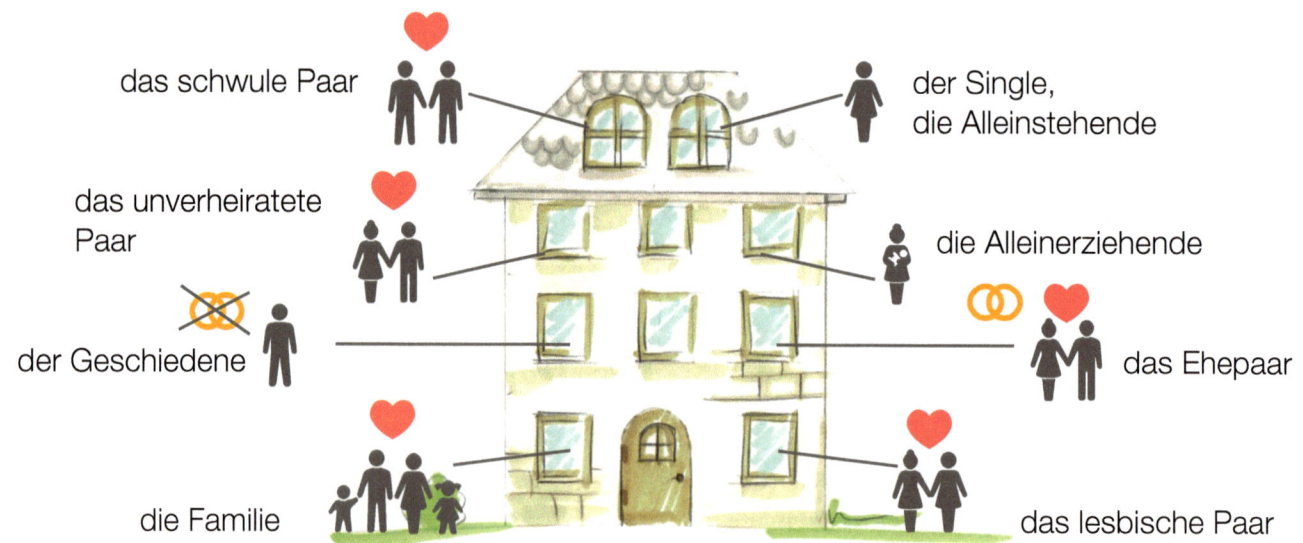

das schwule Paar

der Single,
die Alleinstehende

das unverheiratete
Paar

die Alleinerziehende

der Geschiedene

das Ehepaar

die Familie

das lesbische Paar

Den Familienstand angeben:
Ich bin…
- verheiratet
- ledig (= nicht verheiratet)
- geschieden
  (= nicht mehr verheiratet)
- verwitwet (= Mann/Frau ist tot)

Es gibt auch die eingetragene
Lebenspartnerschaft für
homosexuelle Paare
(= schwul oder lesbisch).

Ü 2.1. Dürfen diese Personen in Deutschland heiraten? Schreiben Sie *ja* oder *nein*.

 Amir (30)    Rabia (13)    Saida (18)    Justus (25)

Halim (15)   Yara (50)   Maria (25)

Amir ❤ Justus	
Saida ❤ Justus	
Rabia ❤ Amir	
Justus ❤ Maria ❤ Saida	
Maria ❤ Amir ❤ Justus	
Maria ❤ Amir	
Yara ❤ Justus	
Halim ❤ Rabia	

Ü 2.2. Welche Wörter passen? Verbinden Sie.

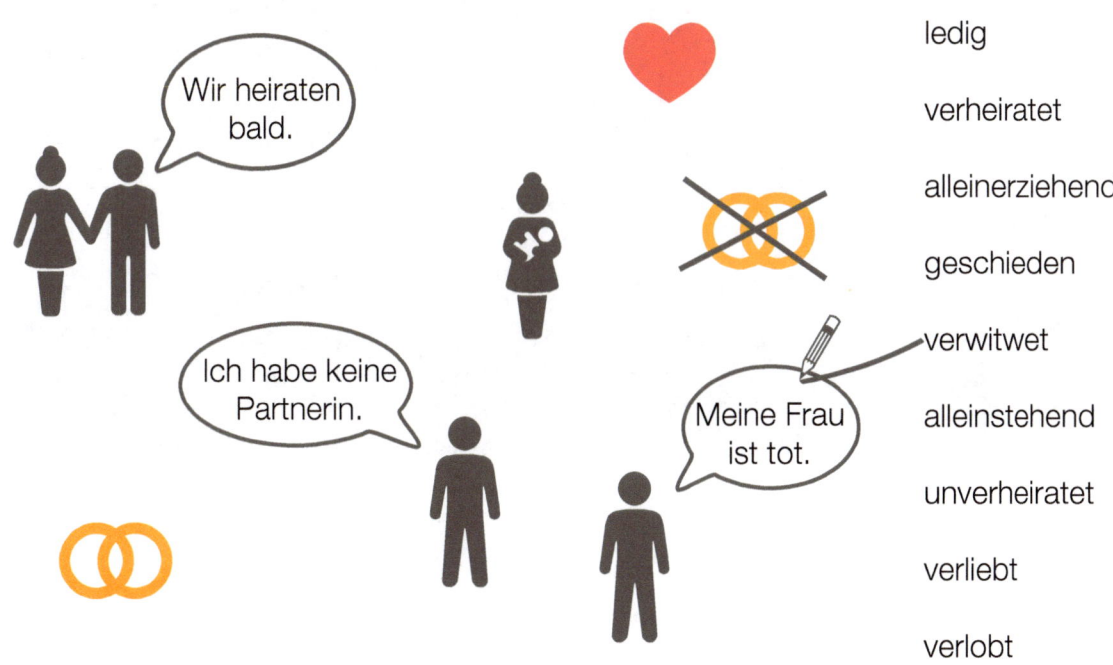

Wir heiraten bald.

Ich habe keine Partnerin.

Meine Frau ist tot.

ledig

verheiratet

alleinerziehend

geschieden

verwitwet

alleinstehend

unverheiratet

verliebt

verlobt

Ü 2.3. Was dürfen Frauen und Männer? ✓ Was dürfen Frauen und Männer nicht? 🚫

	Ehepartner schlagen	Chef sein	Auto fahren	Kinder schlagen	Kinder erziehen	kochen	Fußball spielen
♀	☐	☐	☐	☐	☐	☐	☐
♂	☐	☐	☐	☐	☐	☐	☐

3. Religion

1	der Weihnachtsbaum	7	das Holz
2	das Geschenk	8	die Lichterkette
3	die Kerze	9	der Weihnachtsschmuck
4	der Kamin	10	Weihnachten
5	der Schlitten	11	der Feiertag
6	das Feuer		

3.1. Christliche und gesetzliche Feiertage

 Christliche Feiertage

Weihnachten

Ostern

Pfingsten

 **Gesetzliche Feiertage**

Neujahr

Tag der deutschen Einheit

Tag der Arbeit

> Nicht nur Christen feiern Weihnachten. Auch viele Atheisten und Muslime.

3.2. Religiöse Vielfalt

In Deutschland leben ca. 82 Millionen Menschen.

50 Millionen Christen

4 Millionen Muslime

0,3 Millionen Buddhisten

0,1 Millionen Juden

> Wir haben keine Religion!

26 Millionen Atheisten

3.3. Religion und Staat

In Deutschland gibt es keine Staatsreligion. Alle Religionen sind gleichberechtigt.

> Heiraten in Deutschland
> • staatlich (Standesamt)
>   = gesetzlich anerkannt
> • religiös (z.B. Kirche)
>   = gesetzlich nicht anerkannt

> Ich bin Buddhist.

> Ich bin katholisch.

> Ich bin nicht gläubig.

In Deutschland sind staatliche Gesetze wichtig. Religiöse Regeln spielen vor Gericht keine Rolle.

Der Koran — Das Gesetzbuch — Die Bibel

das Gerichtsurteil

Ü 3.1. Feiertage in Deutschland. Wann sind sie dieses Jahr? Suchen Sie das Datum in einem Kalender.

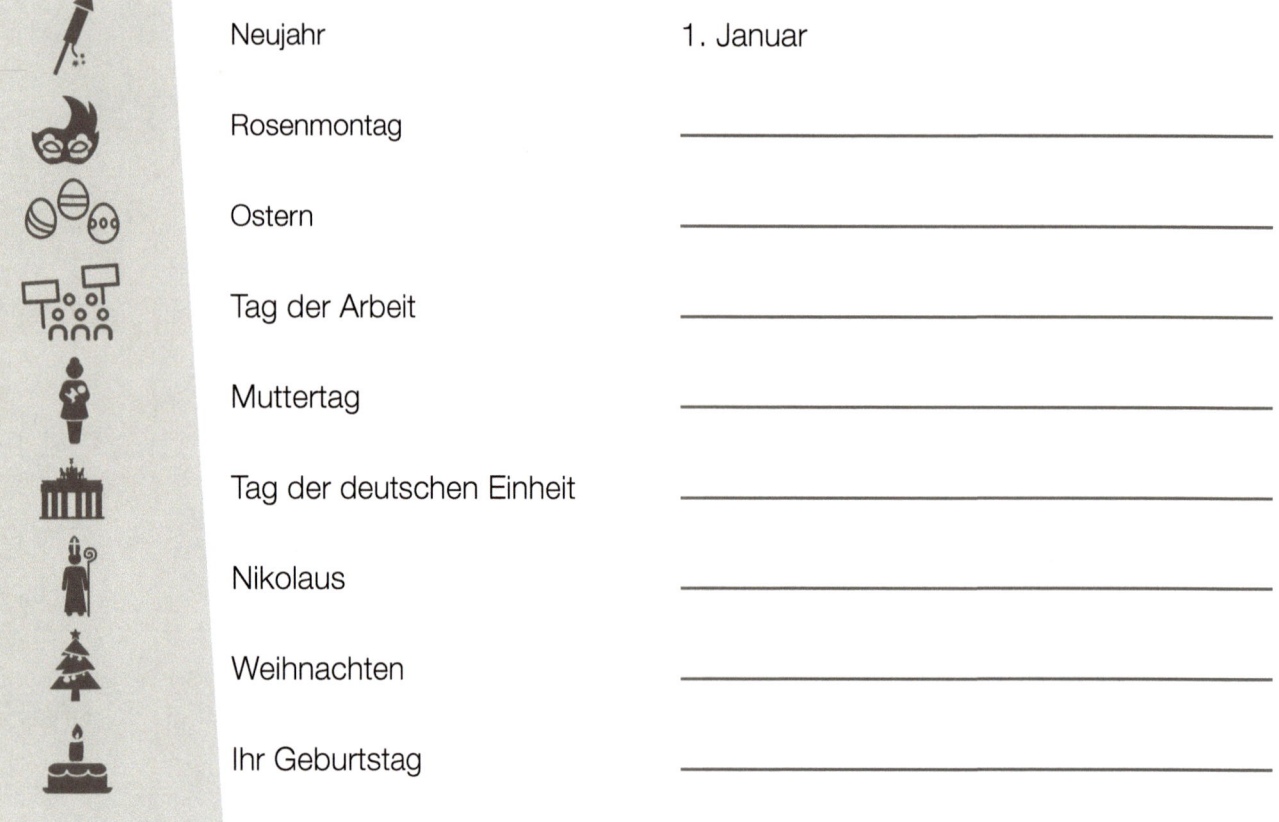

Neujahr	1. Januar
Rosenmontag	_____
Ostern	_____
Tag der Arbeit	_____
Muttertag	_____
Tag der deutschen Einheit	_____
Nikolaus	_____
Weihnachten	_____
Ihr Geburtstag	_____

Ü 3.2. Über Religionen sprechen. Was passt nicht? Streichen Sie das Wort durch.

die Kirche • die Moschee • die Synagoge • ~~die Behörde~~

die Bibel • das Wörterbuch • die Thora • der Koran

christlich • katholisch • evangelisch • ledig • muslimisch • jüdisch • atheistisch

Weihnachten • Allerheiligen • Ostern • Pfingsten • Neujahr

Pfarrer • Priester • Papst • Politiker • Rabbi • Imam

Ü 3.3. Welche Feiertage gibt es in Ihrem Bundesland noch? Notieren Sie auch das Datum.

4. Die deutsche Justiz

1	die Gerichtsverhandlung	6	die Zeugin
2	der Richter	7	der Beweis
3	der Verteidiger	8	der Polizist
4	der Staatsanwalt	9	die Gerichtsschreiberin
5	der Angeklagte	10	das Publikum

4.1. Wichtige gesetzliche Verbote

 Sachbeschädigung ist verboten.

 Diebstahl ist verboten.

 Beleidigung ist verboten.

 Gewalt ist verboten.

 Drogen sind verboten.

 Waffen sind verboten.

4.2. Den Täter bestrafen

Keine Selbstjustiz!

110 Polizei anrufen

der Zeuge

die Verhaftung

das Gerichtsverfahren

das Urteil

das Gefängnis

4.3. Die Polizei anrufen: 110. Wer? Was? Wo?

der Zeuge

Hallo. Hier ist Herr Sedam.

Hier gibt es eine Schlägerei.

In der Prinzenstraße 15.

Ok. Ich warte. Auf Wiederhören.

die Polizei

Polizei München. Wer ruft an?

Hallo Herr Sedam. Was ist los?

Wo sind Sie?

Wir kommen vorbei!

Auf Wiederhören.

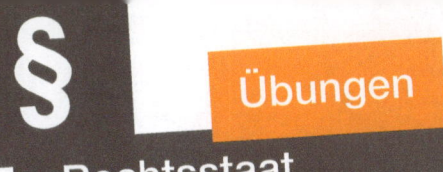
4.1. Was ist die richtige Reihenfolge? Schreiben Sie die Zahlen 1-6 in die Kästchen.

das Gerichtsverfahren   der Freispruch   die Verhaftung   der Diebstahl   Hilfe holen   das Urteil

☐   ☐   ☐   1   ☐   ☐

4.2. Was ist das? Verbinden Sie. Ist das erlaubt oder verboten? Setzen Sie ✓ oder 🚫 .

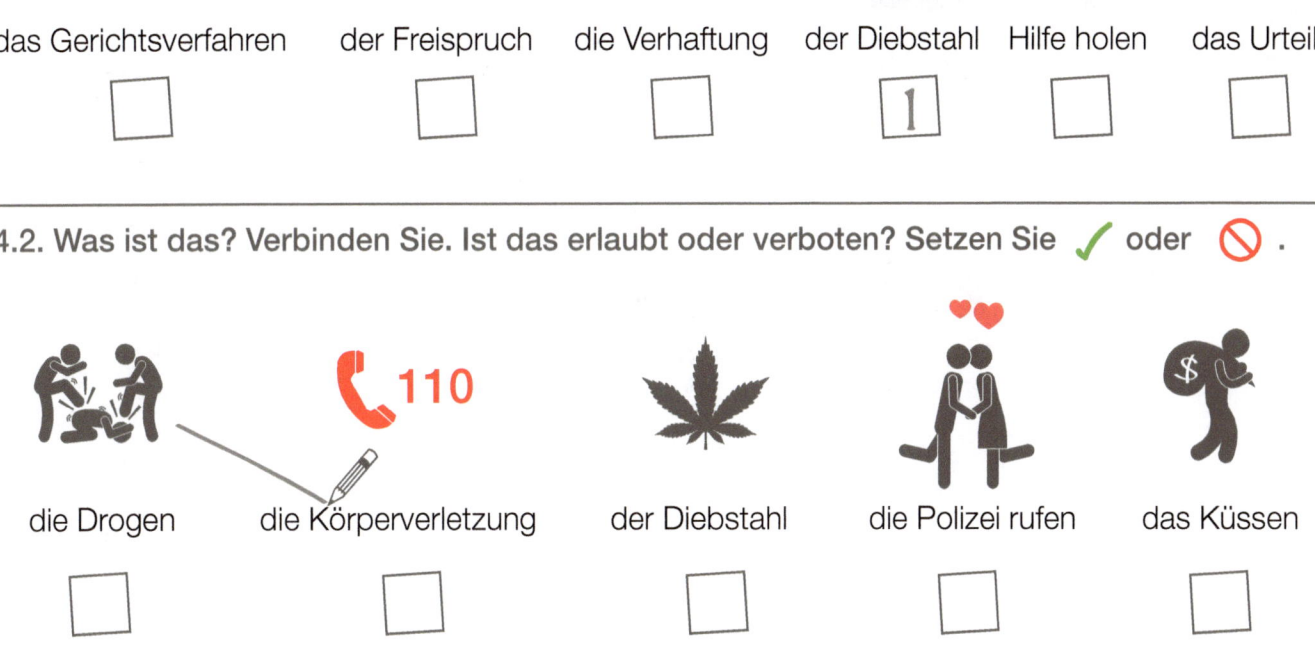

die Drogen   die Körperverletzung   der Diebstahl   die Polizei rufen   das Küssen

☐   ☐   ☐   ☐   ☐

4.3. Die Polizei anrufen. Bringen Sie die Sätze in die richtige Reihenfolge.

1	„Hallo. Hier ist Frau Maier."		„Wo sind Sie?"
	„Ich warte. Auf Wiederhören."		„Wir kommen! Warten Sie!"
	„Hier ist ein Dieb."		„Hallo Frau Maier. Was ist passiert?"
	„In der Adlerstraße 115."	1	„Polizei München. Wer ruft an?"

4.4. Wo ist die nächste Polizeistation? Notieren Sie die Adresse.

A a **A**rbeit	**B** b **B**erlin	**C** c **C**ent **C**omputer	**D** d **D**eutschland	**E** e **e**ssen
F f **F**rau	**G** g **g**roß	**H** h **H**aus	**I** i **I**ntegration	**J** j **j**a
K k **K**ind	**L** l **L**and	**M** m **M**ünchen	**N** n **n**ein	**O** o **o**ffen
P p **P**reis	**Q** q **Q**ualifikation	**R** r **R**aum	**S** s **s**ieben	**T** t **T**isch
U u **U**nterkunft	**V** v **v**ier **V**egetarier	**W** w **W**ort	**X** x ma**x**imal	**Y** y As**y**l
Z z **z**wei	**Ä** ä **Ä**rztin	**Ö** ö h**ö**ren	**Ü** ü Fl**ü**chtling	**ß** Stra**ß**e

au	H**au**s, **Au**to	**ei**	zw**ei**, dr**ei**, n**ei**n	**chs**	we**chs**eln
äu	H**äu**ser	**ie**	v**ie**r, s**ie**ben, Famil**ie**	**h**	**H**aus, ze**h**n, ge**h**en
eu	**Eu**ro	**ch**	**Ch**ina, Flü**ch**tling, a**ch**t	**sp**	**Sp**ort, **Sp**rache, E**sp**resso
oi	T**oi**lette	**sch**	**Sch**ule	**st**	**St**adt, **St**raße, i**st**

0	1	2	3	4
null	eins	zwei	drei	vier
5	6	7	8	9
fünf	sechs	sieben	acht	neun

10	zehn	20	zwanzig	30	dreißig
11	elf	21	einundzwanzig	40	vierzig
12	zwölf	22	zweiundzwanzig	50	fünfzig
13	dreizehn	23	dreiundzwanzig	60	sechzig
14	vierzehn	24	vierundzwanzig	70	siebzig
15	fünfzehn	25	fünfundzwanzig	80	achtzig
16	sechzehn	26	sechsundzwanzig	90	neunzig
17	siebzehn	27	siebenundzwanzig	100	hundert
18	achtzehn	28	achtundzwanzig	200	zweihundert
19	neunzehn	29	neunundzwanzig	300	dreihundert

Deutschland

Kiel

SCHLESWIG-
HOLSTEIN

MECKLENBURG-
VORPOMMERN

Schwerin

HAMBURG

BREMEN

BERLIN

NIEDER-
SACHSEN

Magdeburg

Potsdam

Hannover

BRANDENBURG

NORDRHEIN-
WESTFALEN

SACHSEN-
ANHALT

SACHSEN

Erfurt

Düsseldorf

Dresden

THÜRINGEN

HESSEN

RHEINLAND-
PFLAZ

Wiesbaden

Mainz

Nürnberg

Saarbrücken

SAARLAND

Stuttgart

BAYERN

BADEN-
WÜRTTEMBERG

München

Zeit (Dauer)	Aktivität (Was machen die Teilnehmer? Was macht der Kursleiter?)	Lernmaterial, Medien und Hilfsmittel (z.B. Buch, Tafel, Postkarten)	Arbeitsform (z.B. Gruppenarbeit, Partnerarbeit, alleine)

Material – Links – Literatur – Fortbildungen

Zum Thema Deutschunterricht mit Flüchtlingen:

www.bamf.de/SharedDocs/Anlagen/DE/Downloads/Infothek/Integration/Sonstiges/konzept-kurse-asylbewerber.html
Bayerisches Staatsministerium für Arbeit und Soziales, Familie und Integration (2013):
Erstorientierung und Deutsch lernen für Asylbewerber in Bayern.

www.bildung.erzbistum-koeln.de/.content/.galleries/downloads/SPRACHANKER-Handreichung.pdf
Handreichung für die Gestaltung von Deutschkursen mit Flüchtlingen: vom Erzbistum Köln, mit Übungen und Spielen.

www.equal-sepa.de/material/Produkte/start_Praxishilfen.htm
Praxishilfen: Deutsch für Flüchtlinge: Unterrichtsideen, Materialien,
Dokumente für die Organisation des Unterrichts und Erfahrungsberichte.

www.goethe.de/mmo/priv/16168632-STANDARD.pdf
Weiterführende Links zum Einsatz in Unterricht und Beratung mit Asylsuchenden, vom Goethe Institut.

www.klett-sprachen.de/download/9341/W100258_DaF_unterrichten_Teildruck_DOWNLOAD.pdf
Auf einmal DaF unterrichten: Teildruck des Buches DaF unterrichten.
Basiswissen Didaktik Deutsch als Fremd- und Zweitsprache vom Klett Verlag.

www.refugees.onset.de
OnSet für Flüchtlinge: Online-Spracheinstufungstest Deutsch und Englisch für Flüchtlinge.

Roche, Jörg (2016):
Deutschunterricht mit Flüchtlingen. Grundlagen und Konzepte
Tübingen: narr, ISBN: 978-3-8233-8055-9.

Roche, Jörg (2013):
Fremdsprachenerwerb – Fremdsprachendidaktik
Tübingen: narr, ISBN: 9783825240387.

www.sprache-ist-integration.de
Blog von Katrin Gildner mit Informationen für Ehrenamtliche,
die Deutschunterricht für Flüchtlinge und Asylsuchende anbieten möchten.

Materialien Online und zum Download (Auswahl):

www.asylplus.de
Internetplattform von Asylplus e.V. für computergestütztes Deutschlernen mit
Sammlung von Online-Lernprogrammen und Materialien.

www.babadada.com
Online-Bildwörterbuch, nach Themen sortiert, mit Übersetzungen in viele Sprachen
(darunter auch Dari, Farsi, Somali und Tigrinya).

www.deutsch.fit/Deutschkurs
Deutschkurs Klosterneuburg: Übungshefte nach Levels sortiert, mit Übungen zum Schreiben und Grammatik.

www.deutsch-uni.com
Deutsch-Uni Online: Lernprogramm von A1 bis C1 zur Vorbereitung auf Studium und Beruf, kostenfrei für Asylbewerber in Bayern.

www.goethe.de/de/spr/ueb/led.html?wt_sc=lerndeutsch
Lern Deutsch - Stadt der Wörter: Wortschatz-App des Goethe Instituts.

www.goethe.de/mwnd
Mein Weg nach Deutschland: Übungen mit Lehrerhandreichungen auf Niveau A1.

www.goethe.de/de/spr/ueb/daa.html?wt_sc=deutschamarbeitsplatz
Deutsch am Arbeitsplatz: Online-Übungen zur Kommunikation im Beruf, vom Goethe Institut.

www.klett-sprachen.de/download/8638/W100255_Refugees_Welcome_Wortschatz.pdf
Refugees Welcome. Erste-Hilfe-Wortschatz für den Start:
Wortschatz- und Redemittellisten vom Klett-Verlag in Deutsch, Englisch, Französisch und Arabisch.

www.simsalabim.reinke-eb.de
Phonetik Simsalabim Online: Webseite mit Ausspracheübungen von Ursula Hirschfeld, Kerstin Reinke und Dietmar Reinke.

www.wikis.zum.de/willkommen
Willkommen in Deutschland: Wiki bzw. offenes Portal für ehrenamtliche Deutschlehrende mit Materialien und Ideen für den Deutschunterricht mit Flüchtlingen und Asylbewerbern.

Fortbildungen für ehrenamtliche Kursleiter:

www.lernen-lehren-helfen.de
Lernen – Lehren – Helfen: Fortbildungsprojekt des DaF-Instituts der Ludwig-Maximilians-Universität München und des Bayerischen Staatsministeriums für Arbeit und Soziales, Familie und Integration.

www.goethe.de/de/spr/flu/esd.html
Einführungskurse in die Spracharbeit mit Geflüchteten für ehrenamtliche Lernbegleitende, vom Goethe Institut.

www.lagfa-bayern.de/projekte-der-lagfa/sprache-schafft-chancen
Sprache schafft Chancen: Projekt der LAGFA Bayern, das Deutschkurse von Ehrenamtlichen unterstützt.

www.goethe.de/lrn/prj/for/kur/guk/deindex.htm
Fernkurs des Goethe Instituts: DaF Grundlagen und Konzepte.

Zum Thema Asyl:

www.asyl.net
Umfangreiche Seite vom Informationsverbund Asyl & Migration e.V.
vor allem zu rechtlichen Fragen, Beratungsangeboten und mehr.

www.fluechtlingsrat-bayern.de
Die Seite des bayerischen Flüchtlingsrats mit aktuellen Nachrichten, Informationen, Materialien, Links und mehr.

www.fluechtlingsrat-bayern.de/tl_files/Flyer/Mal%20ehrlich!%20Flucht%20und%20Asyl%20in%20Bayern_web.pdf
Mal ehrlich! Flucht und Asyl in Bayern: Broschüre vom Bayerischen Flüchtlingsrat und der Petra-Kelly-Stiftung mit Informationen, aktuelle Zahlen, Fakten und Hintergrundwissen zum Thema Flucht und Asyl.

Zum Thema Leben in Deutschland:

www.ankommenapp.de/
Ankommen-App: vom BAMF, BR, Goethe Institut und BfA.

www.herder.de/leben/apps/deutschland-erste-informationen-fuer-fluechtlinge/
Deutschland - Erste Informationen für Flüchtlinge: Leitfaden von der Konrad-Adenauer-Stiftung auf
Deutsch und Arabisch, als App oder Buch über den Herder-Verlag kostenfrei erhältlich.

www.integreat-app.de
App als Alltagsguide für Flüchtlinge, angeboten von der Kommune.

www.refugeeguide.de
Refugee-Guide: Orientierungshilfe für das Leben in Deutschland von Studenten und Doktoranden aus Hamburg, online
oder als Broschüre in 17 Sprachen.

www.youtube.com/channel/UChEFKxiQ6KlZfc7C1klRp2Q
Deutschland für Anfänger: Video-Blog auf Deutsch und Arabisch.